2024年辽宁省教育科学“十四五”规划课题《新时代高校思想政治教育质量评价改革研究》（课题号：JG24DB396）
2022年辽宁省研究生教育教学改革项目《新时代加强研究生思想政治教育的路径探索与实践》（项目编号：LNYJG2022171）

新时期高校党建与思想政治教育工作研究

王智莉　张雅惠◎著

北京燕山出版社

图书在版编目 (CIP) 数据

新时期高校党建与思想政治教育工作研究 / 王智莉，张雅惠著 . -- 北京 : 北京燕山出版社 , 2024. 9.

ISBN 978-7-5402-7355-2

Ⅰ. D267.6；G641

中国国家版本馆 CIP 数据核字第 2024FG4676 号

新时期高校党建与思想政治教育工作研究

著者：王智莉　张雅惠

责任编辑：邓京

封面设计：沈加坤

出版发行：北京燕山出版社有限公司

社址：北京市西城区椿树街道琉璃厂西街 20 号

邮编：100052

电话传真：86-10-65240430（总编室）

印刷：北京亚吉飞数码科技有限公司

成品尺寸：170mm × 240mm

字数：249 千字

印张：15.75

版别：2025 年 3 月第 1 版

印次：2025 年 3 月第 1 次印刷

ISBN：978-7-5402-7355-2

定价：98.00 元

前　言

思想政治教育，作为中国共产党引导、凝聚和激励广大人民群众的有力工具，不仅是中国共产党的宝贵传统，更凸显出中国共产党的政治优势。它在所有工作中占据着核心位置，发挥着“生命线”般的重要作用。对于高校而言，强化和改进党建与思想政治工作，是推动高等教育迈向科学、和谐发展轨道的坚实基础，更是打造高等教育强国的根本保障。

高校是培养社会主义事业建设者和接班人的重要阵地。高校思想政治教育工作直接关系到高校“培养什么样的人”“如何培养人”“为谁培养人”的核心问题，并对提高大学生的思想政治素质、培养中国特色社会主义事业的建设者和接班人有着举足轻重的作用。并且，切实加强学生党员和入党积极分子的培养、教育、管理工作，培养有共产主义理想信念的青年马克思主义者，进一步加强高校学生党建工作，是新时期全面推进党的建设新的伟大工程的重要组成部分，是关系到党和国家的执政基础和社会主义事业前途的一项重要任务，是实现中华民族伟大复兴的一项伟大的战略性工程。

在新时期，全球化、信息化和网络化正深刻地重塑着社会的每一个角落，高校作为培养未来社会主义建设者和接班人的关键场所，其思想政治教育和党建工作正面临着前所未有的挑战与机遇。一方面，全球化带来的多元价值观、开放的社会氛围以及新媒体技术的普及，极大地拓宽了青年学生的视野，同时也对他们的思想行为产生了深远的影响。另一方面，国家对高等教育的不断重视和对思想政治教育的持续加强，为高校党建和思想政治教育工作注入了新的活力，同时也提出了更高的要求。在这样的大背景下，探索如何更有效地开展高校党建与思想政治教育工作，已成为我们必须认真对待和深入思考的重要课题。基于此，我们撰写了本书。

本书共八章内容。第一章是高校思想政治教育工作的重要性与方向任务阐述。第二章介绍了高校党建工作概况与智慧党建新发展。第三章分析了新时期高校思想政治教育教学现状及教学理念、方法、模式的创新。第四章探索了新时期高校思想政治教育的主渠道建设，即思想政治理论课教学改革与创新，以及“大思政课”理念下思想政治理论课实践教学的实施。第五章探讨了新时期高校思想政治教育与新媒体的结合，分析了新媒体与新媒体时代的特征，新媒体时代高校思想政治教育面临的机遇与挑战，以及结合新媒体提升思想政治教育实效性的路径。第六章讨论了新时期高校思想政治教育工作质量评价。第七章从校园文化建设、学生管理、队伍建设、实践教学等方面探讨了新时期高校党建与思想政治教育工作的具体路径。第八章研究新时期高校党建与思想政治教育工作协同育人，针对高校党建工作与思想政治教育工作的区别与联系、协同育人理论基础、协同育人现状、时代价值以及协同育人路径进行分析。

整体来看，本书具有系统性与全面性的特点，从高校思想政治教育工作的重要性、方向任务，到具体的教学创新、质量评价，再到党建与思想政治教育工作的协同育人，涵盖了高校党建与思想政治教育工作的方方面面。另外，本书还具有较强的时代性，针对新媒体时代背景下高校思想政治教育面临的新挑战，本书进行了专门的探讨，并提出了结合新媒体提升思想政治教育实效性的路径。

全书由王智莉、张雅惠撰写，具体分工如下：

第一章第一二节、第二章至第四章，共计 11.08 万字：王智莉（沈阳化工大学）；

第一章第三节、第五章至第八章，共计 12.57 万字：张雅惠（山西医科大学汾阳学院）。

本书在撰写过程中参考了大量关于高校党建和思想政治教育工作方面的著作和期刊论文、时事分析资料，在此对相关作者表示诚挚的谢意。由于党建和思想政治教育工作涉及广泛，再加上作者时间和精力有限，本书在所难免会存在一些不足和失误之处，恳请读者在阅读过程中不吝指正，以便我们不断进行完善。

作　者

2024 年 5 月

目录

第一章　高校思想政治教育工作的重要性与方向任务……………… 1

第一节　高校思想政治教育工作概述……………………………… 1

第二节　高校思想政治教育工作的重要性………………………… 8

第三节　高校思想政治教育工作的方向与主要任务……………… 15

第二章　高校党建工作概况与新发展……………………………… 32

第一节　高校党建的基本概念与理论基础………………………… 32

第二节　新时期高校党建工作取得的成就及存在的问题……… 40

第三节　全面加强新时期高校党建工作…………………………… 46

第四节　新时期高校智慧党建提升策略…………………………… 51

第三章　新时期高校思想政治教育教学及创新…………………… 61

第一节　新时期高校思想政治教育教学的现状………………… 61

第二节　新时期高校思想政治教育教学理念创新……………… 67

第三节　新时期高校思想政治教育教学方法创新……………… 79

第四节　新时期高校思想政治教育教学模式创新……………… 87

第四章　新时期高校思想政治教育的主渠道建设………………… 96

第一节　思想政治理论课是思想政治教育的主渠道……………… 96

第二节　新时期思想政治理论课的教学改革与创新…………… 105

第三节　“大思政课”理念下思想政治理论课实践教学的实施 … 120

第五章　新时期高校思想政治教育与新媒体的结合…………… 129

第一节　新媒体与新媒体时代概述……………………………… 129

第二节　新媒体时代高校思想政治教育面临的机遇与挑战… 135

第三节 结合新媒体提升思想政治教育实效性的路径……… 142
第六章 新时期高校思想政治教育工作质量评价……………… 153
第一节 高校思想政治教育工作质量评价的内涵与功能…… 153
第二节 高校思想政治教育工作质量评价的过程………… 157
第三节 高校思想政治理论课教学质量评价……………… 164
第七章 新时期高校党建与思想政治教育工作的具体路径……… 169
第一节 建设校园文化,营造高校党建与思想政治
教育工作环境…………………………………… 169
第二节 聚焦学生管理,加强党建与思想政治
教育工作互动融合……………………………… 178
第三节 加强队伍建设,提升党建与思想政治
教育工作水平…………………………………… 187
第四节 深化实践教学,提升党建与思想政治
教育工作实效…………………………………… 205
第八章 新时期高校党建与思想政治教育工作协同育人………… 214
第一节 高校党建工作与思想政治教育工作的区别与联系… 214
第二节 高校党建与思想政治教育工作协同育人理论基础… 219
第三节 高校党建工作与思想政治教育工作协同
育人现状分析…………………………………… 220
第四节 高校党建工作与思想政治教育工作协同
育人时代价值…………………………………… 226
第五节 高校党建工作与思想政治教育工作协同
育人路径………………………………………… 231
参考文献…………………………………………………… 239

第一章　高校思想政治教育工作的重要性与方向任务

第一节　高校思想政治教育工作概述

一、高校思想政治教育的内涵与本质属性

高校思想政治教育的内涵深刻反映了其实践活动的核心特质，这一特质既包含了稳定性，也包含了变化性。其稳定性源自对传统教育理念的继承，而变化性则体现在随社会环境、教育任务和目标的变化而不断创新。

《现代汉语词典》将“内涵”定义为“一个概念所反映的事物的本质属性的总和，也就是概念的内容”。由此，我们可以理解高校思想政治教育的内涵，即指高校教育工作者通过特定的思想观念、政治观点和道德规范，有计划、有目的地影响大学生，以培养他们符合中国特色社会主义要求的思想品德的一系列教育活动。

从哲学视角看，事物的本质属性是决定其性质、表现和发展方向的关键因素。对于高校思想政治教育而言，其本质属性同样具备这样的决定性作用，且主要体现在政治性和科学性的统一上。政治性揭示了高校思想政治教育的阶级立场和价值取向，而科学性则体现了教育的实践性和发展规律，它要求教育内容必须反映客观实际，顺应历史潮流，并代表先进生产力的发展方向，同时符合最广大人民群众的根本利益。

为了全面、准确地把握高校思想政治教育的实质，我们必须在理论

和实践层面上坚持政治性和科学性的有机结合。片面强调任何一方都会导致教育的失衡：过分注重政治性而忽视科学性，可能使教育沦为空洞的宣传；而过分追求科学性却忽视政治性，则可能使思想政治教育失去其应有的方向指引和目的意义。因此，坚守政治性是把握意识形态主导权的关键，而秉持科学性则是吸纳最新学术研究成果、推动教育与时俱进的保证。

二、高校思想政治教育工作的研究

（一）高校思想政治教育工作的研究对象

每门独立的学科都有其特定的研究对象，这是科学划分学科的关键，也是学科存在的基石。高校思想政治教育，作为思想政治工作的一个重要分支，同样具有其独特的研究领域。它主要探究大学生的思想、观点和立场的形成、演变规律，以及大学生思想政治工作的运行规律。这一研究领域是建立在对党的大学生思想政治教育工作的历史和现状的深入研究之上的，目的在于揭示其本质和规律。高校思想政治教育工作的本质，涉及其根本性质、内在联系、核心特征和目的任务。尽管学生的思想活动和思想政治教育工作呈现出多样性和复杂性，但透过这些现象，我们可以洞察其本质。

高校思想政治教育工作的规律也是研究的重要部分，包括工作过程中本质的、必然的、内在的联系，以及大学生思想活动和思想政治教育的规律，还有相关的基本方针、原则和方式、方法。这些规律是可以被我们认识和把握的。

由于研究对象是思想感情复杂多变的大学生，他们的思想感情会随着外界环境的变化而变化。这些变化，如同社会环境、政治、经济的变化一样，都有其规律性。我们不仅要认识和把握影响大学生思想的这些客观环境的变化规律，还要遵循大学生思想活动的规律进行工作，以确保思想政治教育的有效性。

长期以来，中国共产党在高校思想政治教育实践中，经过深入探索和不断总结，已经积累了大量宝贵的经验，并深刻认识到诸多内在规律。基于这些规律，党形成了一套系统完备、独具特色的优良传统和工作作风，在总结经验和深化认识的基础上，党还建立了一套相对独立的大学生思想政治教育工作体系，并创造性地提出了一系列行之有效的方针、原则和方法。这些方针、原则和方法，既体现了思想政治教育的时代特征，又紧密结合了大学生的成长规律和思想特点，为高校思想政治工作的开展提供了有力的指导和支持。这些对思想政治教育规律的基本认识，不仅在理论层面上深化了我们对思想政治教育工作的理解，更在指导学生思想政治工作的实践中发挥了显著的作用。它们为高校思想政治工作者提供了宝贵的启示和借鉴，使得高校思想政治教育能够更好地贴近实际、贴近生活、贴近学生，不断提高工作的针对性和实效性。

（二）高校思想政治教育工作的研究领域

高校思想政治教育的研究领域主要集中在大学生思想政治教育方面，其核心任务是对大学生进行思想教育和思想转化工作。这一领域具有独特的研究对象和研究内容，主要围绕大学生的思想和行为展开深入探索。

第一，高校思想政治教育关注大学生的思想和行为特点。大学生作为一个特殊的社会群体，他们的思想和行为具有鲜明的时代特征和群体特性。高校思想政治教育工作旨在深入了解和把握这些特点，通过科学的方法分析大学生的思想动态和行为模式，为有效的思想政治教育提供理论依据。

第二，高校思想政治教育研究领域涉及特殊的教育理论、工作过程、方针、原则和方法，这些要素共同构成了高校思想政治教育工作的实践体系。例如，如何根据大学生的心理特点和成长需求，制定切实可行的教育方针和原则，采用何种方法能够有效地促进大学生的思想转化，都是这一领域需要深入研究的问题。

第三，高校思想政治教育领域关注大学生思想政治教育的组织机构和活动形态。高校需要建立相应的组织机构，制定科学的管理制度，组织和开展各种形式的思想政治教育活动。这些活动旨在引导学生树立正确的世界观、人生观和价值观，培养他们的社会责任感和公民意识。

从更深层次上讲，高校思想政治教育工作体现着无产阶级的性质，以马列主义、毛泽东思想、邓小平理论、科学发展观、习近平新时代中国特色社会主义思想为指导思想。因此，该领域还涉及如何用无产阶级世界观来教育和改造学生,解决他们的思想观念和立场问题,激发他们学习、生活和工作的积极性与创造性。

(三)高校思想政治教育工作的研究目的

高校思想政治教育工作承载着培养学生正确的世界观、人生观和价值观的重要任务。在新时代背景下,深入研究高校思想政治教育工作的目的,对于提升教育质量、塑造学生品格、促进社会和谐发展具有深远的意义。

1. 深化对教育规律的认识

通过系统研究大学生的思想动态、心理特点和行为模式,高校能够更加准确地把握思想政治教育的内在规律,从而制订出更加符合学生实际的教育方案。这不仅有助于提高思想政治教育的针对性和实效性,还能够推动高校思想政治教育工作的科学化、规范化发展。

2. 加强思想政治教育工作队伍建设

高校思想政治教育工作者是开展教育工作的主体,他们的素质和能力直接影响到教育的效果。通过研究,我们可以发现队伍中存在的问题和不足,进而提出改进措施,提升教育工作者的专业素养和教育能力。这样,不仅能够打造一支高素质、专业化的思想政治教育工作队伍,还能够为高校思想政治教育工作提供坚实的人才保障。

3. 促进学生的全面发展

高校是培养社会栋梁的重要基地,而思想政治教育则是培养学生综合素质的重要途径。通过研究,我们可以更加明确地了解学生的需求和期望,为他们提供更加个性化、多元化的教育服务。这不仅有助于提升学生的思想道德水平,还能够培养他们的创新精神和实践能力,为他们的全面发展奠定坚实基础。

4. 加强和改善党对高等学校的领导

党对高等学校的领导主要体现在政治思想方面，而思想政治教育工作正是发挥这一领导作用的重要手段。通过高校思想政治教育研究，可以帮助党的各级组织和干部提高对加强大学生思想政治教育工作的认识，将思想政治教育工作置于更加重要的位置，从而加强党对高等学校的领导，确保高等教育沿着正确的方向发展，推动高等学校的社会主义精神文明建设，为社会主义现代化建设事业培养更多的优秀人才。

5. 回应社会发展的需求

随着社会的不断进步和发展，人们对于大学生的期望也在不断提高。通过研究思想政治教育工作，可以更好地了解社会的需求和期望，从而调整教育内容和方式，使高校培养的人才更加符合社会的需要。

（四）高校思想政治教育工作的研究方法

科学的研究方法对于任何学科都至关重要，高校思想政治教育工作也不例外。为了深入探讨这一领域，我们需要采用一系列科学、系统的方法。以下是几种主要的研究方法。

1. 历史研究法

通过回顾我党几十年来在高校思想政治教育方面的实践，我们可以从中汲取宝贵的经验和教训。这种方法要求我们不仅要关注成功的案例，还要分析那些未能达到预期效果的实践，从而更全面地理解思想政治教育工作的历史演变和内在规律。

2. 阶级分析法

在阶级社会中，思想政治教育工作往往反映了特定阶级的利益和诉求。因此，运用阶级分析法可以深入剖析思想政治教育工作的阶级属性和社会背景，有助于我们更准确地把握其本质和目的。

3. 唯物辩证法

唯物辩证法强调事物的联系和发展。在研究高校思想政治教育工作时，我们应坚持这一哲学观点，全面、动态地看待问题。这不仅包括分析思想政治教育工作与其他社会活动的相互关系，还要探讨其内部各个环节之间的联系。

4. 理论与实践相结合的方法

理论与实践的统一是马克思主义的基本原则，也是研究高校思想政治教育工作的基本方法。我们应从实际出发，运用马克思主义理论去分析和解决青年学生思想上的新问题，确保思想政治教育工作既具有理论深度，又能解决实际问题。

5. 归纳与演绎法

归纳法即通过归纳大量具体的思想政治教育工作实践，提炼出一般性的规律和原则；而通过演绎，可以从这些规律和原则出发，推导出新的结论和策略。这两种方法的结合使用，有助于我们更深入地理解高校思想政治教育工作的本质和规律，从而建立起更为科学、系统的工作体系。

三、新时期高校思想政治教育工作的意义

（一）促进校园良好学风的形成

大学生，特别是学生党员，在高校中扮演着带头模范的角色。他们不仅学业优秀，而且具有较强的组织能力和广泛的影响力，通常是校园活动的重要组织者和参与者。因此，加强大学生思想政治教育，能够充分激发他们的积极性，进而推动校园形成良好的学风。这种良好学风的

形成，离不开每一位校园成员的共同努力，更凸显了大学生党员的引领作用。

（二）加强社会主义核心价值观的引领作用

社会主义核心价值观从个人、社会、国家三个层面提出了明确的价值准则和行为标准。高校思想政治理论课程是传播和弘扬这些价值观的重要平台。通过将这些价值观融入教育教学、社会实践和校园活动中，我们可以科学地引导学生树立正确的理想信念和“三观”，培养他们的社会责任感和对国家制度的认同感。这不仅能够提高教育的实效性，还能引导学生树立服务社会、奉献社会的观念，从而将他们培养成为能够担当民族复兴大任的时代新人。

（三）适应时代发展的必然要求

在当今复杂多变的社会环境下，高校思想政治教育不仅关乎青年学生的成长成才，更是国家意识形态安全和文化传承的重要保障。因此可以说，高校思想政治教育是顺应时代发展的必然趋势。

首先，从国家发展的角度来看，高校思想政治教育是培养新时代优秀人才的重要途径。实现中华民族伟大复兴的中国梦，需要一代又一代有志青年接续奋斗。青年学生作为国家的未来和希望，他们的思想观念和价值取向直接影响着国家的发展方向。通过思想政治教育，可以引导学生树立正确的世界观、人生观和价值观，培养他们的社会责任感和爱国主义精神，从而为实现国家富强、民族复兴贡献自己的力量。

其次，面对西方各种非主流意识形态的渗透，高校思想政治教育在维护国家意识形态安全方面发挥着重要作用。在全球化的背景下，西方国家通过各种渠道向我国青年学生传播他们的价值观念和生活方式，试图影响甚至改变我国青年的思想。加强高校思想政治教育，能够帮助学生认清西方意识形态的实质，增强他们的政治敏锐性和鉴别力，对于维护国家意识形态安全具有重要意义。同时，广大青年也需要有足够的民族自信，与世界人民分享中国的优秀文化，并加强国际文化交流。

再次，从高校师生的精神需求来看，思想政治教育是满足他们精神生活的重要方式。随着社会生产力的提高和物质生活的丰富，人们越来越注重精神生活的追求。高校师生作为高素质人才,他们的精神需求更加迫切和多元化。通过思想政治教育,可以为他们提供健康良好的精神环境,满足他们的精神需求,促进他们的全面发展。

最后,教师在思想政治教育中的重要作用。教师不仅是知识的传授者,更是学生价值观的引领者和塑造者。教师的言传身教对学生产生了潜移默化的影响。因此,加强教师的思想政治教育,提高他们的政治素养和道德素养,是提升高校思想政治教育质量的关键环节。特别是思想政治教育教师,他们承担着引导学生精神世界建设的重任,更需要不断满足他们的精神需求,完善教师队伍,提高思想政治教育的针对性和实效性。

随着科技的进步和互联网的普及,高校思想政治教育也面临着新的机遇和挑战。互联网为思想政治教育提供了更加广阔的平台和丰富的资源,但同时也带来了信息泛滥、价值观混乱等问题。因此,高校思想政治教育需要不断创新方法和手段,结合互联网的特点和优势,开展线上线下教育活动,增强学生的参与感和体验感,提高思想政治教育的吸引力和感染力。

第二节　高校思想政治教育工作的重要性

一、高校思想政治教育的时代背景

(一)社会主要矛盾发生显著变化

随着我国社会主要矛盾从“人民日益增长的物质文化需要同落后的社会生产之间的矛盾”转化为“人民日益增长的美好生活需要和不平衡不充分的发展之间的矛盾”,思想政治教育也面临着新的机遇和挑战。

首先,人们的思想发展特点和态势发生了显著变化。高度的批判性、主体性、异质性和政治参与意愿成为新时代人们思想发展的重要特征。这要求思想政治教育在内容和方式上做出相应调整,更加注重引导人们正确理解和处理个人利益与社会利益、个人发展与社会发展的关系,培养人们的批判性思维和独立思考能力，提升人们的政治素养，增强社会责任感。

其次，社会结构的深刻转型也对思想政治教育提出了新的要求。从总体性社会向分化性社会的转变，使得社会利益格局更加多元化，社会关系更加复杂化。这要求思想政治教育在坚持马克思主义指导地位的同时，更加注重尊重差异、包容多样，引导人们形成正确的世界观、人生观和价值观。

此外，随着网络的普及和全球化进程的加速，人们的思想观念和价值取向也受到了深刻的影响。网络空间的开放性和匿名性使得各种思潮和观点得以迅速传播，这给思想政治教育带来了前所未有的挑战。因此，思想政治教育需要不断创新方式方法，加强网络思想政治教育阵地建设，提高网络思想政治教育的针对性和实效性。

（二）意识形态斗争日益尖锐复杂

随着全球化的深入发展，各种文化和思想通过互联网等现代通信技术迅速传播，不同意识形态观念的交流、碰撞变得频繁，导致各种思潮纷繁复杂，增加了意识形态领域的多元性和复杂性。在国际关系中，随着大国竞争的加剧，西方国家推广其价值观，试图对其他国家施加影响，这在一定程度上引发了价值观念的冲突。同时，一些不稳定因素如恐怖主义、极端主义等，也对国家的意识形态安全构成了威胁。随着社会矛盾的多样化和复杂化，如环境问题、收入差距、就业难题等，社会对公平正义、民主法治等议题的关注增多，这些问题都在一定程度上考验着国家意识形态的凝聚力和向心力。互联网、社交媒体及人工智能等新兴科技的发展，使得信息传播速度加快、范围扩大，任何人都可以在网络上发声，这在一定程度上削弱了主流意识形态的话语权，加剧了意识形态的碎片化和极化，给意识形态建设与管理带来更大的挑战。随着经济社会的发展，人民生活水平的提高，以及个人利益、价值观的多样化，人们对于意识形态的认同也展现出多元化的趋势，一些非主流意识形态在某些群体中也有一定的市场。多元的意识形态对思想政治教育提出了更高的要求。

（三）科教事业迅猛发展并充满机遇

随着科技的不断进步，特别是电子计算机、互联网、VR、元宇宙等新兴技术的快速发展，思想政治教育媒介发生了质的飞跃，使得无形的思想政治信息得以更加具体、高效地呈现。

首先，新兴技术极大地丰富了思想政治教育的手段和形式。传统的思想政治教育往往受到时间和空间的限制，而现在，通过网络媒介，教育者可以随时随地开展教育活动，大大拓宽了教育的覆盖面。同时，VR、元宇宙等技术还可以为思想政治教育提供沉浸式的学习体验，使学习者能够更加深入地理解和感受教育内容。

其次，新兴技术提高了思想政治教育的针对性和实效性。通过大数据和人工智能技术，教育者可以更加精确地分析教育对象的思想行为状况与规律，从而制订出更加符合个体需求的教育方案。同时，网络媒介的交互性也使得教育者和学习者之间的沟通更加便捷和高效，有助于解决学习者在思想上的问题和困惑。

此外，新兴技术为思想政治教育提供了更加丰富的教育资源。网络上的海量信息为教育者提供了广阔的选择空间，他们可以根据教育目标和需求，从各种渠道获取相关的教育素材和案例，使得教育内容更加生动、具体和贴近实际。

科教事业的迅猛发展为思想政治教育带来了新的机遇，我们需要抓住这些机遇，积极应对挑战，不断创新思想政治教育的理念和方法，以推动思想政治教育事业的持续发展。

二、高校思想政治教育工作面临的社会环境

自改革开放以来，我国大学生思想政治教育工作在党中央的高度重视和各地区各部门的共同努力下，已经取得了显著的进步。这种进步不仅对于培养高素质人才有着重要意义，同时也推动了高等教育的发展，并维护了学校和社会的稳定。

（一）党中央及社会各界的深度参与

党中央对大学生思想政治教育工作给予了极高的重视。大学生被视为民族的希望和祖国的未来，因此，提升他们的思想政治素质具有深远的战略意义。为此，党中央发布了一系列相关政策和意见，旨在加强和改进大学生的思想政治教育。

除了党中央的高度重视，社会各界也积极关心和支持大学生的健康成长。政府出台了一系列惠及大学生的政策，如“绿色通道”和助学贷款等，以确保大学生不会因经济困难而失学。同时，家庭也在大学生的健康成长中发挥着不可或缺的作用。此外，各级群众组织、主流大众传媒等也都为大学生的健康成长提供了重要支持。

（二）高校思想政治教育的显著成效

首先，高校普遍提高了对思想政治教育重要性的认识，将其视为培养社会主义建设者和接班人的关键。其次，高校不断健全思想政治教育的体制，包括领导体制、管理体制和工作体制，为思想政治教育工作的顺利开展提供了制度保障。最后，高校还广泛开展了形式多样的思想政治教育活动。这些活动不仅充分发挥了课堂教学的主导作用，还通过社会实践、校园文化建设以及心理咨询工作的开展等多种方式，全面提升了大学生的思想政治素质。

三、新时期高校思想政治教育工作的重要性

（一）有利于落实新时代中国特色社会主义教育发展的根本任务

中国特色社会主义理论教育对于强化党的领导具有基础性作用，它不仅继承了党的理论教育优良传统，还进一步发挥了党的政治优势。中国特色社会主义伟大旗帜为改革开放的顺利进行提供了思想支撑，同时也是发展中国特色社会主义的指导思想。高举这面旗帜，是高校进行思想政治理论教育的核心原则。改革开放是在坚持社会主义方向和基本

制度的前提下进行的自我发展与完善。为了确保其正确方向,必须加强理论教育。在过去的几十年里,我们始终在这面旗帜的指引下,成功抵御了外部干扰,保持了进取与创新的精神。在国际共产主义遭遇挑战的背景下,中国特色社会主义依然展现出强大的生命力。这一事实证明,高举中国特色社会主义伟大旗帜是理论教育的核心,也是改革开放取得成功的关键。

思想政治教育一直是中国共产党的宝贵传统和优势。从革命时期到社会主义建设与改革,都得益于党细致入微的思想政治工作,推动了社会主义事业的持续进步。这一教育的理论与方法并非僵化不变,而是在马克思主义的指导下与时俱进,不断发展与完善。

中国共产党始终重视教育事业,尤其在新时代,中国特色社会主义教育将立德树人作为根本任务。教育的本质在于回答“培养什么样的人、如何培养、为谁培养”的问题。同时,我们也明确了“办何种教育、如何办教育、为谁办教育”的目标。在这一背景下,思想政治教育在高校立德树人工作中扮演着至关重要的角色,它不仅有助于实现新时代中国特色社会主义教育的根本任务,更肩负着培养社会主义现代化建设合格接班人的重任。

(二)有助于进一步加强党管人才工作

党管人才的核心在于充分发挥人才的积极性和创造力,以实现人才资源的优化配置和高效利用,思想政治教育作为培养人才的重要环节,对于提升人才的思想觉悟、道德品质以及社会责任感具有不可替代的作用。

首先,思想政治教育有助于引导人才树立正确的价值观和职业观。通过深入开展思想政治教育,可以帮助人才理解党的路线、方针、政策,认识到自身在国家和社会发展中的重要地位和作用,从而树立正确的价值观和职业观,增强为党和人民事业奋斗的信念和决心。

其次,思想政治教育有助于提升人才的综合素质。思想政治教育不仅注重知识的传授,更注重能力的培养和素质的提升。通过参与各种思想政治教育活动,人才可以锻炼自己的思维能力、表达能力、组织协调能力等,提升自己的综合素质,为更好地发挥人才作用奠定基础。

再次,思想政治教育还有助于增强人才的团队意识和协作精神。在思想政治教育中，强调集体主义和团队精神，鼓励人才之间互相学习、互相帮助、互相支持，形成共同奋斗的良好氛围。这种氛围有助于促进人才之间的交流和合作，提高团队的凝聚力和战斗力，推动工作的顺利开展。

最后，思想政治教育还有助于构建良好的人才生态环境。通过加强思想政治教育，可以营造尊重人才、爱护人才、重用人才的良好氛围，激发人才的创造活力和工作热情。同时，也可以加强对人才的监督和管理，确保人才在工作中能够遵守法律法规和职业道德规范，为党和人民事业作出积极贡献。

（三）有利于提升个人素养和综合能力

社会主流意识形态，作为一种稳定且不受个人意志影响的价值和道德理论，它系统地反映了统治阶级或特定社会团体的政治和经济利益。高校作为塑造和传播主流意识形态的前沿阵地，承担着将这些思想观念、政治观点和道德规范深植于学生心中的重任。特别是大学生，作为充满活力和希望的群体，他们代表着祖国的未来和民族的希望。因此，将主流意识形态内化为学生的信念，并外化为他们的行为，显得尤为重要。

在当前的新形势和新问题下，思想政治教育的作用愈发凸显，成为占领高校主流意识形态阵地的关键手段。思想政治教育不仅是一项社会实践活动，更是一种帮助人们形成符合社会期望的思想政治品德、解决“做什么”和“怎么做”问题的有力工具。然而，在实际操作中，我们有时可能过于侧重于理论知识的灌输，而忽略了受教育者的内心体验和共鸣。这种理论与实践的脱节，很大程度上源于思想政治教育在受教育者心中的形象问题。

进入中国特色社会主义新时代，我们更加清晰地认识到培养过硬政治素质对于社会主义现代化建设的重要性。因此，我们更加注重培养学生的政治素养，将其放在个人培养的核心位置。大学生，作为高素质人群，将在未来社会中发挥举足轻重的作用。他们的思想道德和价值理念将深刻影响周围的人，因此，加强大学生思想政治教育显得尤为重要。培养的重点应放在提升他们的政治素养上，坚定他们的共产主义理想信念，使他们衷心拥护国家的政策和方针，并具备强烈的历史使命感和责任感。通过这样的教育,我们不仅能够提升学生的个人素养,还能够全面提高他们的综合能力,为他们未来的生活和事业奠定坚实的基础。

(四)有助于科教兴国战略和人才强国战略的实施

科教兴国战略和人才强国战略是国家发展的重要战略,旨在通过科技和教育的发展,培养高素质人才,推动国家的繁荣和进步。在这一战略的实施过程中,思想政治教育发挥着至关重要的作用。

第一,思想政治教育为科教兴国战略的实施提供了思想保障。通过加强思想政治教育,可以引导广大科技工作者和教育工作者树立正确的价值观,坚定理想信念,激发创新精神和奉献精神,为科教事业的发展提供源源不断的动力。同时,思想政治教育还可以提高全民的科学素养,增强国家的科技创新能力,为科教兴国战略的实施奠定坚实的社会基础。

第二,思想政治教育对于人才强国战略的实施同样具有重要意义。人才是国家发展的核心资源,而思想政治教育则是培养人才的重要途径。通过加强思想政治教育,可以培养人才的爱国情怀和社会责任感,引导他们将个人发展与国家需要紧密结合,为国家的现代化建设贡献自己的力量。同时,思想政治教育还可以提升人才的综合素质和创新能力,使他们成为具备国际竞争力的高素质人才,为人才强国战略的实施提供有力的人才保障。

第三,思想政治教育还有助于营造良好的人才成长环境。通过加强思想政治教育,可以推动形成尊重知识、尊重人才、崇尚创新的社会氛围,为人才的成长和发展提供良好的社会环境。同时,思想政治教育还可以增强人才的团结协作精神,促进人才之间的交流与合作,形成人才集聚效应,推动人才强国战略的实施。

第三节　高校思想政治教育工作的方向与主要任务

一、新时代高校思想政治工作的方向

（一）做到“四个服务”

1. 为人民服务

全心全意为人民服务是中国共产党的根本宗旨，也是我国高校的立身之本和办学之魂。《中国共产党章程》明文规定，党没有自身的特殊利益，始终代表最广大人民的利益。这一理念，自毛泽东同志在延安时期提出，到邓小平同志强调人民利益至上，再到习近平总书记重申人民群众美好生活的向往就是党的奋斗目标，一脉相承，始终未变。

教育，特别是高等教育，作为培养未来社会栋梁的重要手段，其服务方向至关重要。社会主义大学，必须坚定不移地为人民服务，这不仅是对人民群众追求自身利益需求的回应，更是对中国特色社会主义高等教育性质的坚守。大学的教育质量，直接关系到人民群众的满意度，也是检验我们工作成效的重要标准。

高校要真正贯彻为人民服务的宗旨，最核心、最基础的任务就是坚持以学生为本，全力提升人才培养质量，以回应广大学生和家长的殷切期望。

（1）一切为了学生

“一切为了学生”不仅是高校教育教学工作的核心理念，更是思想政治教育工作的重要指导原则。这一原则要求高校在思想政治教育工作中，始终坚持以学生为中心，全面关注学生的成长、成才需求，以及他们在思想、道德、情感等方面的全面发展。

高校教师在开展思政教育时，需要讲好每一堂课，确保教学内容既

符合教学大纲的要求，又能贴近学生的实际需求和兴趣。通过生动有趣的课堂讲述、案例分析和互动讨论，引导学生深入理解思想政治理论课程的核心内容，培养他们的思想道德素质和社会责任感。

在制定相关管理制度和政策时，高校应广泛征求学生的意见和建议，确保这些制度和政策既科学合理，又能得到学生的认同和支持。同时，高校还应提供细致入微的服务，如心理咨询、职业规划、学业指导等，以帮助学生解决在成长过程中遇到的各种问题。

思想政治教育工作不仅要注重知识的传授，更要关注学生的思想道德、情感态度和价值观的培养。高校应通过组织丰富多彩的校园文化活动、提供社会实践和志愿服务机会等，为学生提供展示自我、锻炼能力的平台，促进他们的全面发展。

高校思想政治教育工作者应具备高度的责任心和使命感，时刻关注学生的成长动态，及时发现并解决学生在学习和生活中遇到的问题。同时，他们还应不断提升自身的专业素养和教育教学能力，以更好地服务于学生的成长成才。

（2）为了一切学生

“为了一切学生”体现了高校思想政治教育工作的普遍性和包容性。无论学生的背景、能力、兴趣如何，都应平等地接受思想政治教育，确保每个学生都能从中受益。

高校思想政治教育工作需要尊重每一个学生。每个学生都是独立的个体，具有不同的思想、情感和需求。开展思想政治教育工作应充分考虑到这种多样性，尊重每个学生的个性差异，避免一刀切的教育方式。

高校关注每一个学生，无论学生是否主动寻求帮助，高校都应主动关注学生的成长动态，及时发现并解决他们在学习和生活中遇到的问题。通过定期的沟通交流、心理辅导、学业指导等方式，确保每个学生都能得到适当的关注和引导。

高校思想政治教育服务于每一个学生，不仅仅是在课堂上传授知识，更包括提供全方位的服务，如职业规划、就业指导、心理咨询等。高校需要建立完善的服务体系，确保每个学生都能根据自身的需求获得相应的支持和帮助。对于经济困难学生的资助，高校应建立完善的资助体系，确保经济困难的学生能够顺利完成学业，不因经济问题而失去接受教育的机会。

高校应深入推进大学生心理健康教育。通过培养学生积极、健康的心态，帮助他们更好地应对生活中的挑战和压力，从而成为健康、幸福的人。

（3）为了学生的一切

“为了学生的一切”体现了高校思想政治教育工作的全面性和深远性。思想政治教育工作不仅要关注学生的当前需求，更要着眼于他们的长远发展，致力于提升学生的综合素质，为他们未来的发展奠定坚实的基础。

“为了学生的一切”要求高校思想政治教育工作在学生世界观、人生观和价值观的培养上下功夫。高校应通过思政教育帮助学生树立正确的“三观”，助力他们的个人成长和社会的和谐发展，通过引导学生深入思考、积极实践，使他们在面对复杂多变的社会现象时，能够做出正确的判断和选择。

“为了学生的一切”要求高校注重培养学生的科学精神和人文情怀。科学精神使学生能够以理性的态度面对问题，追求真理；而人文情怀则使学生更加关注社会、关爱他人，具备良好的道德素养。通过丰富的教育内容和多样的教育形式，激发学生对科学和人文的兴趣，培养他们的综合素质。

“为了学生的一切”要求高校注重培养学生的创新精神和实践能力。在日新月异的社会环境中，创新能力和实践能力已成为学生必备的核心素养。高校思想政治教育工作应结合专业教学和实践活动，鼓励学生勇于尝试、敢于创新，提高他们的实际操作能力和解决问题的能力。

“为了学生的一切”要求高校思想政治教育工作关注学生的全面发展，不仅包括知识技能的传授，更包括情感态度、心理健康、人际交往等多方面的培养。高校应提供丰富的教育资源和活动平台，满足学生多样化的成长需求，助力他们成为全面发展的人才。

2. 为中国共产党治国理政服务

中国共产党取得领导地位是历史的必然选择，这一地位反映了广大人民群众的共同意愿。自近代以来，无数中华儿女为探索救国之路而奋斗，而中国共产党以其先进的理念和行动，特别是改革开放后的卓越领导，赢得了人民的信任和支持。中国从贫穷落后走向繁荣富强，人民群众的生活日益改善，这一切都离不开中国共产党的领导及其治国理政的智慧。因此,中国高等教育为中国共产党的治国理政服务是义不容辞的责任。

作为社会高素质人才的培养基地,高校应积极发挥其人才和智力优势,通过教育、研究和社会服务等方式,为党和国家的发展战略贡献力量。更重要的是,高校需要为中国共产党治国理政培养合格的人才。

(1)提升教育质量,为中国特色社会主义事业输送更多高素质建设者

国家的强大离不开人才的支持。高校作为高素质人才培养的摇篮,肩负着为社会主义现代化建设输送技术和管理人才的重任。在高等教育日益普及的今天,提高教育质量,培养具有创新精神、实践能力和社会责任感的人才,是高校的首要任务。我们必须全面贯彻落实党的教育方针,确保青年大学生能够成为中国特色社会主义事业的中坚力量。

(2)严格把控大学生党员发展质量,为中国特色社会主义事业培养更可靠的接班人

国家的兴旺发达需要源源不断的优秀人才加入。高校应积极将那些对党忠诚、对人民忠诚的优秀大学生吸收到党组织中来,培养他们成为党治国理政的核心力量和中国特色社会主义事业的接班人。目前,高校每年培养的新党员数量在全社会新党员总数中占很大比例。因此,高校应特别注重提高大学生党员的发展质量,确保他们具有坚定的共产主义信仰,树立正确的世界观、人生观和价值观,自觉加强党性修养,同党中央保持高度一致,从而确保党的接班人队伍源源不断、充满活力。

3. 为巩固和发展中国特色社会主义制度服务

中国共产党在持续探索中国特色社会主义发展道路的过程中,确立了中国特色社会主义制度,这是一项重大的成就。历史已经证明,其他制度模式在中国并未成功,而中国特色社会主义制度则显示出了其独特的优越性,带领中国人民走向更加美好的生活。同时,这一制度也极大地推动了中国高等教育的发展,带来了翻天覆地的变化。因此,高校有责任也有义务去巩固和发展这一制度,通过教育引导师生正确认识其优越性,并为这一制度的发展提供服务。

(1)增强中国特色社会主义制度的自信

中国特色社会主义制度的自信,不仅来源于历史的积淀,更在于现

实的成就。这种制度不仅让中国人民的获得感日益增强，而且在全球范围内产生了广泛的影响。与西方国家相比，我们的制度在目标性、连贯性和效率性方面具有明显的优势，能够集中力量办大事。高校应当引导师生全面客观地认识当代中国和外部世界，深刻体会中国特色社会主义制度的优越性，从而增强制度自信，为巩固和发展这一制度贡献自己的力量。

（2）为巩固和发展中国特色社会主义制度贡献力量

在实践方面，高校要办好中国特色社会主义大学，培养出既具备专业技能又坚守社会主义核心价值观的人才，这是对中国特色社会主义制度最好的服务和巩固。在理论方面，高校作为哲学社会科学研究的重要阵地，应当充分发挥其优势，及时提出新的理论成果，为完善社会主义制度提供指导，进一步挖掘和发挥中国特色社会主义制度的优越性。这样，高校就能从实践和理论两个层面，为巩固和发展中国特色社会主义制度做出实质性的贡献。

4. 为改革开放和社会主义现代化建设服务

（1）培育并增强大学生对中国特色社会主义道路的自信

随着中国持续的发展与繁荣，中国特色社会主义道路已展现出无限广阔的前景。这条道路不仅承载着过去的辉煌，更是我们每日生活的真实写照。历史已经清晰证明，只有中国特色社会主义才能推动中国不断前行。面对苏联解体、东欧剧变以及 2008 年国际金融危机的冲击，中国共产党团结带领全国人民稳住了阵脚，取得了令人瞩目的成就。这一道路是中国人民自主选择的结果，既非外部强加，也非偶然形成。高校教育应着重引导学生深刻理解这一道路的来之不易，既要倍加珍惜，更要坚定不移地走下去，以此培育并增强他们对中国特色社会主义的自信。

（2）与改革开放和社会主义现代化建设同步前进

首先，通过开展中国梦的宣传教育，高校思想政治教育工作将学生的个人理想与国家的发展目标紧密结合。中国梦是实现中华民族伟大复兴的梦想，它不仅是国家的梦、民族的梦，更是每个中国人的梦。通过教育引导，大学生能够将个人的人生理想与民族的复兴梦想相结合，从而在实现个人价值的同时，也为国家的现代化建设贡献力量。这种教育方式有助于培养学生的国家意识和民族自豪感，使他们更加积极地投身到改革开放和社会主义现代化建设中。

其次,高校在加快建设世界一流大学和一流学科的过程中,不仅提升了自身的教育水平和科研实力,还为国家的现代化建设提供了有力的人才支撑。高校根据国家重大战略需求和经济社会建设的要求来调整学科方向和专业结构,这实际上是在为改革开放和社会主义现代化建设培养急需的一流人才。这些人才将成为推动社会进步和经济发展的重要力量。

最后,高校大力实施创新驱动发展战略,以科技创新引领经济社会发展,这直接体现了高校思想政治教育工作与改革开放和社会主义现代化建设的紧密结合。高校作为科学研究的主要阵地和科技创新的强劲引擎,通过产出一流的科研成果来支撑并引领行业发展,为增强国家核心竞争力和提高国家科技创新能力做出了重要贡献。科技创新活动不仅提升了高校的学术地位和社会影响力,也为国家的现代化建设注入了强大的动力。

(二)做到“四个坚持不懈”

1. 坚持不懈地传播马克思主义科学理论

马克思主义的真理性不仅在于其理论深度,更在于其实践指导和时代适应性。高校,作为知识与思想的汇聚地,肩负着传播马克思主义科学理论的重要使命。

(1)引领大学生深入学习马克思主义理论

毛泽东曾强调学习马克思主义理论的重要性,认为它是取得胜利的关键。对于大学生而言,学习马克思主义不仅是学术要求,更是思想成长的必需。高校应着重加强马克思列宁主义、毛泽东思想等理论教育,帮助学生深入理解中国特色社会主义理论体系,从而增强对国家建设的政治、思想和理论认同。当前,尽管大学生已接触马克思主义理论,但学习效果有待提升。因此,高校需在教育设计、学习安排和方法创新上持续改进。

(2)鼓励教师在实践中应用马克思主义理论

高校应鼓励教师将马克思主义理论应用于实际教学和生活中,使其成为指导学生成长成才的有力工具。各学科教师都应掌握马克思主义的科学思维方法，将其融入教学内容，使学生真切感受到马克思主义的实用性和指导性。

（3）加强学校对意识形态的监督管理

意识形态工作是党的重要工作，马克思主义是其指导思想。高校需严格管理意识形态领域，特别是对高校、院（系）等党组织书记、行政负责人的监督。同时，要坚守前沿阵地，明确主流意识形态，敢于面对和抵制反马克思主义观点，积极壮大马克思主义声音。高校必须做到守土有责，确保意识形态阵地的安全稳固。

2. 坚持不懈地培育和弘扬社会主义核心价值观

为了帮助大学生树立正确的价值观并养成良好的思维和行为习惯，加强中国特色社会主义核心价值观教育显得尤为重要。正如习近平总书记所强调的，青年的价值取向对未来社会的价值取向具有决定性影响，因此，我们必须抓好青年时期的价值观养成，确保他们从一开始就扣好人生的第一粒扣子。

（1）在教育内容中深度融合社会主义核心价值观

理想信念教育是首要任务。高校应引导学生树立中国特色社会主义共同理想，将个人理想与党和人民的事业相结合，勇做时代的先锋。同时，高校应充分挖掘中华优秀传统文化的价值，将其作为社会主义核心价值观教育的重要资源，通过推荐中华文化典籍、在政治学等专业和课程中加入传统文化内容等方式，让学生深刻理解中华文化的精髓。此外，革命文化和社会主义先进文化也是不可或缺的教育资源，高校应通过讲述党史、国史等方式，弘扬民族精神和时代精神。

（2）在教育教学和日常生活中全面贯穿社会主义核心价值观

高校应将价值观教育与学习、科研紧密结合，创新课堂组织形式，运用生动案例，充分把握国情，使社会主义核心价值观教育更加生动、具体。同时，要注重在社会实践和课外活动中培育社会主义核心价值观，提高实践教学的比重和实效性。在日常生活中，高校也应注重培育社会主义核心价值观，使其成为学生的日常行为准则。通过广泛开展文明校园创建工作和丰富多彩的校园文化活动，引导学生在实践中感悟和践行社会主义核心价值观。

(3)在师生教与学的行为规范中明确体现社会主义核心价值观

在师生教与学的行为规范中体现社会主义核心价值观,需要从多个层面进行落实和体现。

首先,在学生评价方面,将社会主义核心价值观融入其中是至关重要的。通过量化学生对社会主义核心价值观的认识、态度和行为表现,并建立相应的评价指标体系,可以引导学生在学习、做事的同时,更注重学会做人。这种评价方式关注学生的知识掌握情况,注重学生的道德品质和价值观的培养,从而在学生的行为规范中明确体现了社会主义核心价值观。

其次,在教学督导工作中,将社会主义核心价值观教育的开展情况作为重要内容,可以确保教师在教学过程中注重对学生价值观的引导和培养。同时,将教师在社会主义核心价值观教育方面的表现作为评奖评优、职称评定、职务晋升的重要指标,可以激励教师更加重视学生的道德培养,从而在教与学的互动中更好地传递社会主义核心价值观。

最后,在学院考核工作中,建立社会主义核心价值观教育成效的评估标准与机制,可以充分发挥学院在培育和弘扬社会主义核心价值观中的主体作用。学校是主导,负责制定教育方针和政策;学院是主体,负责具体实施教育政策;学生是主角,是教育和培养的对象。通过建立科学的评估机制,可以及时了解教育成效,发现问题并改进教育方法,从而更好地在师生教与学的行为规范中体现社会主义核心价值观。

3. 坚持不懈地促进高校和谐稳定

(1)构建完善的安全稳定制度体系

首先,高校需要明确各级领导和各个部门的责任,将安全稳定工作的责任细化、制度化、规范化,通过制定明确的责任清单,确保每一位领导和各个部门都清楚自己的职责范围和工作要求。这样,一旦出现问题,可以迅速找到责任人,及时采取措施解决问题,防止事态扩大。

其次,高校应建立全面的风险评估机制,对可能影响安全稳定的因素进行定期评估,评估内容涵盖社会稳定风险和高校内部的安全稳定风险。例如,可以设立专门的风险评估小组,定期对校园内的各种潜在风险进行排查和评估。同时,应将风险评估作为决策的前置条件和刚性门槛,确保在做出任何可能影响安全稳定的决策之前,都经过充分的风险评估。

最后，健全考评机制，通过完善安全稳定工作的考核办法，可以激励高校各二级单位主要领导更加重视安全稳定工作。例如，可以将安全稳定工作的成效纳入领导班子和领导干部的考核评价体系中，作为晋升和奖惩的重要依据。同时，通过定期的考评，也可以及时发现安全稳定工作中存在的问题和不足，推动各项制度真正落到实处。

（2）培养学生理性平和的健康心态

高校应创建一个能够让人心静的文化环境，帮助学生静心学习，通过阅读和学习来提升个人气质和修养。要加强人文关怀和心理疏导，引导学生正确认识和处理各种关系，提高心理健康素质。我们还需要将解决思想问题与解决实际问题相结合，关注学生的日常生活需求，提供必要的帮助和支持。对于家庭经济困难的学生，应完善资助体系，确保他们能够共享改革发展的成果。

（3）强化阵地建设与管理

通过建立课程标准审核和教案评价制度，并落实听课制度，强化教学纪律。要加强对各类活动如讲座、论坛等的管理，严格执行审批程序。对于校园媒体，我们需要规范管理，确保信息的准确性和正向性。此外，加强校园网络安全管理也是重中之重，通过实名登记和用网责任制度来保障网络安全。最后，对大学生社团的管理也应实行登记和年检制度，确保其健康有序发展。

4. 坚持不懈地培育优良校风和学风

校风和学风是高校文化的直观体现，它们不仅反映了高校的治理能力，更彰显了其办学水平。这两种风气，如同阳光和空气，对学生成长产生深远影响。优质的校风和学风能为学生创造一个良好的学习环境，促进其全面发展。反之，不良的风气则会对学生造成负面影响，甚至可能引发社会对办学质量和方向的质疑。

高校思想政治工作的成效与高校的治理水平、校风和学风紧密相连。高效治理和良好风气能够极大地促进思想政治工作的开展，反之则会造成阻碍。

（1）全面提升高校办学与治理水准

第一，坚持依法治校。依法办学是提高高校办学和治理水平的必由之路。目前，虽然已有相关法律和大学章程作为指导，但关键在于严格执行。我们必须确保法规和章程的落实，避免出现执行不严或“双重标准”的情况，从而建立起高质量的育人体系和管理体系。

第二，强化德治理念。法治与德治应相辅相成。我们倡导以德治政、以德律师、以德育人，特别是要从领导层做起，树立道德榜样。同时，注重培养师生的德治意识，通过实例展现德治的显著效果。

（2）深化高校文化建设

第一，培育大学精神。大学精神是校园文化的核心，包括发展目标、办学理念等。通过挖掘学校的文化传统和历史资源，结合未来发展愿景，开展系列教育活动和文化活动，将大学精神内化为师生的共同价值观和行为方式。同时，将这一精神融入教育教学的全过程，引领优良校风和学风的形成。

第二，加强校园硬件建设。除了精神层面的建设，还需要注重校园的物理环境。通过科学的校园规划和布局，以及环境综合治理，创建一个既美观又实用的校园环境。在环境建设中融入大学文化元素，使校风和学风的理念在校园的每一个角落都能得到体现，从而潜移默化地影响师生。

二、新时代高校思想政治工作的主要任务

当代大学生唯有坚守正确的思想认知，方能成为时代的领军者，以坚定的开拓者姿态和无私的奉献精神，引领社会前行。他们凭借深厚的理想信念、优秀的道德品质、扎实的专业素养以及卓越的技术能力，肩负起推动中国特色社会主义伟大事业前进的历史重任。

（一）引导学生全面认识世界与中国的发展趋势

在当前的全球化背景下，中国的发展与世界紧密相连，二者相互影响、相互促进。随着改革开放的深入推进，我们有必要站在全球视角来审视中国的发展，帮助学生清晰理解中国和世界的关系以及中国在世界舞台上的定位。

1. 社会主义的历史命运并未因东欧剧变而改变

20 世纪 80 年代末 90 年代初，苏联解体和东欧剧变引发了人们对社会主义未来的担忧。然而，我们必须认识到：

第一，社会主义作为一种全新的社会制度，其取代资本主义是历史发展的必然趋势，尽管过程中会有曲折。

第二，社会主义国家仍然存在且充满活力，全球范围内仍有许多国家坚持社会主义道路，并不断探索适合自身的发展模式。

第三，社会主义的前途是光明的，一些坚持社会主义的国家通过改革创新而显著发展，证明了社会主义的优越性和生命力。

第四，中国特色社会主义是科学社会主义的新发展，我们坚信只要中国特色社会主义旗帜不倒，世界社会主义运动就会持续蓬勃发展。

2. 全球金融危机暴露了资本主义制度的内在缺陷

2008 年由美国次贷危机引发的全球金融危机，不仅重创了资本主义国家的金融体系，也波及了全球经济。这次危机再次印证了马克思对资本主义周期性经济危机的分析，并揭示了资本主义制度的深层次问题：马克思主义对资本主义的批判依然具有现实意义，其政治经济学理论在危机中显示了深刻的洞察力。此次危机是资本主义制度的全面危机，涉及经济、思想、社会等多个层面。危机的根源在于资本主义的基本矛盾，即生产的社会化与生产资料私人占有之间的矛盾。金融危机对全球产生了深远影响，提醒我们必须引导经济全球化健康发展，注重公平公正。

3. 共产党人应坚定共产主义远大理想

共产主义理想是中国共产党的精神支柱和奋斗目标。自党成立以来，我们就把实现社会主义和共产主义作为自己的远大理想。新时代，习近平总书记多次强调树立共产主义远大理想的重要性。只有坚定共产主义远大理想，才能保证新时代中国特色社会主义的正确方向，保证新时代中国特色社会主义真正成为人民群众共同建设、共同享有的事业，保证新时代中国特色社会主义在理论和实践上不断取得进步。

（二）引导学生正确认识中国特色与国际比较

1. 市场经济体制的比较

与资本主义市场经济不同，中国特色社会主义市场经济在强调市场作用的同时，也注重政府的宏观调控。这种经济模式不仅重视效率，更追求效率与公平的统一。它突出了集体和国家所有制，并强调经济利益分配中的有限不平等。与此相反，资本主义市场经济则更多地依赖私有制和市场自由配置资源，有时可能导致政府调控能力受限。中国特色社会主义市场经济的成功实践，如中国经济的稳步增长，正是其优越性的体现。

2. 民主政治制度的对比

中国特色社会主义民主政治以人民民主专政为基础，强调权力来源于人民、服务于人民。这与西方资本主义国家的宪政民主存在显著差异。西方宪政民主往往以个人主义为出发点，通过政党轮替和三权分立来实现权力制衡。然而，这种模式的实际运作中，可能会出现权力掣肘、利益分赃等问题，甚至导致政府效能低下。相比之下，中国特色社会主义民主政治更能体现人民的意志，更有效地推动社会持续发展。

3. 核心价值观的辨析

中国特色社会主义核心价值观与西方所谓的“普世价值”有本质区别。“普世价值”往往被用来推销西方的政治制度和价值观，如三权分立、多党制和极端个人主义。而社会主义核心价值观则强调公平正义、共享发展成果，具有鲜明的中国特色和优越性。这种价值观更能促进社会和谐与国家繁荣。

4. 社会制度的比较

中国特色社会主义社会制度在经济、政治、文化等方面都展现出独特的优势。以公有制为主体、多种所有制经济共同发展的基本经济制度,以及人民代表大会制度等政治制度,都体现了中国特色社会主义的鲜明特点。这些制度不仅有利于解放和发展生产力,还能满足人民群众的政治需求,提高人民生活水平。与资本主义社会制度相比,中国特色社会主义社会制度更能促进社会的全面进步和人的全面发展。

(三)引导学生正确认识时代责任与历史使命

所谓使命,最初指的是使者所承载的重大任务,如今已引申为个体或集体所肩负的重大责任。马克思曾深刻指出,每个人都肩负着某种使命,这是作为社会人的必然。对于当代大学生而言,他们的时代责任和历史使命,就是积极投身于实现中华民族伟大复兴的实践中,为国家的繁荣富强贡献自己的力量。

1. 中国梦:真实且触手可及

中国共产党在中华人民共和国成立前的苦难中诞生,带领人民走过了曲折的道路,终于建立了中华人民共和国,开启了社会主义建设的新纪元。经过数十年的艰苦奋斗,特别是改革开放以来的飞速发展,中国已经崛起,成为世界东方的重要力量。国民经济蓬勃发展,社会和谐稳定,国际地位和影响力日益提升。这一切的成就,都使得中国梦变得越发真实可感。

中国仅用几十年时间就使数亿人摆脱贫困,创造了人类历史上的奇迹。从载人航天到跨海大桥,从奥运金牌到世博会成功举办,中国的每一步都让世界瞩目。这些成就不仅见证了中国的成长,也展现了中国人民实现梦想的决心和能力。

2. 中国梦：国家与个人的共同追求

实现中华民族伟大复兴的中国梦，是近代以来中国人民最强烈的愿望。这个梦想不仅属于国家和民族，更属于每一个中国人。它汇聚了中华民族的集体记忆和力量，体现了国家富强、民族振兴、人民幸福的本质要求。

“两个一百年”奋斗目标为中国梦的实现勾勒了清晰的路线图。而习近平总书记对中国梦的凝练概括，更是激发了全体中国人民的奋斗热情。中国梦是国家的梦、民族的梦，更是每个中国人的梦。它根植于人民心中，归宿也在于人民。人民对美好生活的向往，就是我们的奋斗目标。

3. 历史使命：青年义不容辞的责任

历史和现实都证明，青年一代有理想、有担当，国家就有前途，民族就有希望。青年是实现民族复兴的重要力量，他们始终站在时代的前沿，勇于解放思想，努力学习先进知识，自觉担负起历史使命。无数青年才俊用自己的智慧和汗水为国家的建设和发展贡献力量。当代大学生作为青年中的佼佼者，更应该义不容辞地肩负起民族复兴的大任，用自己的青春和才华点亮中国梦。

4. 以青春之力点燃中国梦

当今时代为大学生提供了前所未有的发展机遇和条件，同时也要求他们承担更多的责任。只有把个人理想与国家和民族的事业紧密结合起来，才能更好地实现个人价值和社会价值。

大学生要用青春梦点燃中国梦，勇做开拓奋进者。大学生应该在实现民族复兴的伟大事业中发挥自己的才华和智慧，为国家的繁荣富强贡献自己的力量。只有这样，大学生的生命价值才能得到更加完美的展现。

（四）引导学生正确树立远大抱负，脚踏实地奋斗

1. 树立崇高理想，为人生航程点亮灯塔

在中国古代文化中，“志”即理想与抱负，它鼓励我们“志存高远”，理想，作为人类精神层面的一种独特且璀璨的表现，是区分人与动物、高尚与庸俗的鲜明标志。理想信念犹如航海者的指南针，不仅决定了每个人的人生航向，更在无形中影响着个体事业所能达到的高度。理想既是引领人们行动的明确风向标，也是激发人们不断前行的动力源泉，它能够驱散前方的迷雾，让人们在人生的征途中保持内心的坚韧与力量，使人们的精神意志持续闪耀，照亮前行的道路。

北宋时期著名的哲学家张载曾深刻指出：“人若志趣不远，心不在焉，虽学无成。”这句话恰恰是对理想重要性的精妙诠释。只有拥有了远大的理想和坚定的信念，才能在人生的道路上不断前行，克服重重困难，实现自我价值。因此，大学生应当珍视自己的理想，坚定信念，不断追求，让理想的光芒照亮前行的道路，引领着他们走向更加美好的未来。

理想具有鲜明的阶级与时代特征。不同社会阶层、不同历史时期的人们，其理想追求也各不相同。例如，封建时代的士大夫追求的是家族的荣耀，而劳动人民则更向往稳定的生活。在《礼记·礼运篇》中，古人构想了“天下为公”的大同世界，这反映了古代人民的共同理想。而马克思主义的社会理想，则是实现共产主义，消灭剥削与压迫，促进人类的全面自由发展。它不仅继承了人类对大同世界的向往，更有着科学的理论基础，揭示了社会发展的必然趋势。自马克思主义诞生至今，其理论体系不断丰富，并在实践中演变为影响世界的历史运动，催生了新的社会制度。

中国近代史是一段屈辱与抗争的历史。中国人民在寻求国家富强与民族独立的道路上历经坎坷。是马克思主义为中国带来了希望，引领中国走向复兴之路。当代大学生肩负着民族复兴的使命，是祖国未来的创造者。因此，我们必须坚定马克思主义信仰，坚定对中国共产党领导和社会主义制度的信心。将个人理想与国家、民族的命运紧密相连，投身于中国特色社会主义事业，为实现民族复兴不懈奋斗。

2. 注重实践探索，以行动构筑成长阶梯

若远大的志向仅停留在构想阶段，那它便只是空中楼阁。唯有将理想转化为实实在在的行动，才能成就非凡事业。因此，必须立足实际，切实执行我们的理想。

实践与真理紧密相连，对理论产生决定性影响，因为所有真理都需经过实践的检验。我国历来有重视实践的文化传统，先辈们通过深思熟虑和亲身实践，为后人留下了宝贵的经验。诸如“实践出真知”这样的民间谚语，虽语言简练，却富含深邃的哲理，告诫我们要勇于实践，不能纸上谈兵。

脚踏实地意味着要培养重视实践、深入实践的意识，相信“实践出真知”，主动去探索世界。我们要以科学的态度去揭示事物发展的本质，不主观臆断，避免浮躁，而是要踏实钻研。此外，持之以恒也至关重要，不能半途而废，要追求精益求精，以细致入微的态度去学习和实践。我们要将勤勉进取、努力实践当作一种责任与追求，不断提高自身的素质和能力，为祖国的建设和人民的幸福贡献力量。

大学时期是人才培养的关键阶段，大学生更应珍视这段时间，以实事求是的态度求学。对于当代大学生来说，完成好学业的核心在于勤奋学习、坚定执行，并将所学知识应用于实践。大学生应将勤勉进取、努力实践和求真务实视为自己的责任与追求，全身心投入，不断提升自己，以适应时代和事业的需求，锤炼出服务祖国和人民的真才实学。

3. 发扬艰苦奋斗精神，将个人成长与国家发展紧密结合

艰难困苦是成长的催化剂，要实现远大理想，就必须经历艰苦的磨砺。艰苦奋斗是中华民族的传统美德，也是我们宝贵的精神财富。无论是古代还是现代，凡是有所作为的人都离不开艰苦奋斗的历程。人类的美好理想并非轻而易举就能实现，它需要我们付出艰辛的努力和奋斗。

高校思政教育首先要求大学生认识到艰难困苦是成长的必经之路。通过思政教育，使学生深刻理解“艰难困苦，玉汝于成”的道理，明确要实现个人抱负和远大理想，必须经过艰苦的历练和磨砺。这种价值观的塑造有助于大学生在面对困难和挑战时保持坚韧不拔的精神状态。

艰苦奋斗是中华民族精神的基本内核，高校思想政治教育要求大学生传承和弘扬这种精神，通过讲述国家和民族从积贫积弱到发展繁荣的历史进程，以及一代又一代人的顽强拼搏和自强不息的奋斗故事，激励大学生继续发扬这种精神，为国家和民族的进步贡献自己的力量。

思政教育强调大学生要立足本职、埋头苦干，从自身做起，从一点一滴的小事做起，踏实肯干、勤奋努力，通过实际行动去践行艰苦奋斗的精神，用勤劳的双手和一流的业绩来成就自己的人生。

高校思想政治教育鼓励大学生不怕困难、攻坚克难，勇于到条件艰苦的地方去经受锻炼、增长才干；也倡导大学生要勇于创业、敢闯敢干，在改革开放中闯新路、创新业。这是对大学生勇气和魄力的培养，也是对他们创新创业能力的期望。

通过自己的努力和奋斗，为祖国的繁荣贡献力量，是当代大学生应有的选择。高校思想政治教育通过强调把个人成长的根基深深植入祖国的沃土，使祖国的事业熠熠生辉的理念，来培养大学生的爱国情怀和责任感。

第二章　高校党建工作概况与新发展

第一节　高校党建的基本概念与理论基础

一、高校党建的概念解析

(一)党建的含义

党建,即党的建设,是党的工作的重要组成部分,也是党为保持自己的性质而进行的自我完善和自我革新的活动,涵盖了党的思想建设、组织建设、作风建设、制度建设和反腐倡廉建设等多个方面,是党不断提升自身执政能力、巩固执政地位、完成历史使命的重要保障。

从广义的角度来看,党建不仅仅是党组织自身的建设,更涉及党领导国家和社会的能力与水平,包括党如何通过自己的路线、方针、政策来引领国家发展,如何通过有效的组织和动员来凝聚社会力量,以及如何通过制度创新和法治建设来保障国家的长治久安。在这个层面上,党建是国家治理体系和治理能力现代化的重要组成部分。

从狭义的角度来理解,党的建设主要集中在思想、组织、作风、制度和反腐倡廉五个方面。思想建设要求党员坚定理想信念,坚守党的初心和使命,不断提高政治觉悟和思想境界。组织建设强调党的组织原则和组织纪律,要求党的各级组织健全、严密、高效,确保党的决策能够得到有效执行。作风建设关系到党的形象和威信,它要求党员保持清正廉洁的政治本色，密切联系群众，真心实意为人民服务。制度建设旨在通过建立健全党内法规制度体系，规范党的组织和党员的行为，确保党的活动在法治轨道上运行。反腐倡廉建设则是保持党的纯洁性、提升党的战斗力的必然要求，强调从严治党、严惩腐败，打造风清气正的政治生态。

党的十七大进一步明确了这五个方面的建设重点，而党的十八大则强调了“全面从严治党”的重要性，将党的建设提升到了新的高度。到了党的十九大，党的建设总体布局得到了新的拓展，形成了“五加二”的模式，即全面推进党的政治建设、思想建设、组织建设、作风建设、纪律建设，并将制度建设贯穿其中，同时深入推进反腐败斗争，以提升党的整体建设质量。

在中国共产党第十九次全国代表大会通过的新党章中，政治建设和纪律建设被单独提出并纳入党的建设总体布局，这充分展示了党在加强自我革命、严明纪律方面的坚定决心。同时，新党章也强调了制度建设在党的建设中的基础性地位，以及反腐败斗争的深入推进，共同构成了新时代党的建设的重要特征。在新时代背景下，党建还承载着新的历史使命。随着全面深化改革和全面依法治国的深入推进，党建不仅要确保党始终成为中国特色社会主义事业的坚强领导核心，还要引领和推动国家治理体系建设和治理能力现代化。这就要求党建必须与时俱进，不断创新工作理念和方法，以适应时代发展的新要求。

总体来说，新时代的党建需要更加注重以下几个方面：一是加强理论武装，不断提高党员的理论素养和政治觉悟；二是强化组织纪律，确保党的各级组织和党员严格遵守党的章程和纪律规定；三是深化作风建设，持之以恒纠治“四风”问题，切实增强群众观念和群众感情；四是完善制度建设，构建系统完备、科学规范、运行有效的党内法规制度体系；五是坚决惩治腐败，保持反腐败高压态势，营造不敢腐、不能腐、不想腐的政治氛围。

（二）高校党建的含义

高校党建，即在中国的高等教育机构中深入展开的党的建设活动，是中国共产党建设事业中的主要工作，且充分体现了党的建设与中国特色社会主义高等院校间的深度交融。这一活动不仅承载着党的优良传统和作风的传承,更在推动高校发展、培养优秀人才、服务国家战略等方面发挥着举足轻重的作用。通过高校党建,得以让党的理论、路线、方针、政策等深入人心,进一步坚定广大师生对中国特色社会主义的信仰和认同,激发他们的爱国热情和创新精神。同时,高校党建也促进了高校与社会的紧密联系,使高校成为推动社会进步、引领时代潮流的重要力量。不断加强党的建设,可以进一步提升高校的办学水平和综合实力,为培养更多具有创新精神和实践能力的高素质人才奠定坚实基础。

从狭义的角度来看,高校党建主要涉及在中国共产党各级组织的领导下,在高校环境中开展的政治、思想、组织、作风、纪律以及理论建设等一系列具体工作和活动。这包括加强党的政治建设,确保高校师生坚定政治立场;推进思想建设,通过教育和培训深化师生对党的理论和路线方针政策的理解与认同;完善组织建设,建立健全高校各级党组织机构,并确保其有效运转;强化作风建设,树立和弘扬党的优良传统和作风;严明纪律建设,确保高校党员严守党的纪律和规矩;以及深化理论建设,通过研究和宣传党的创新理论来武装头脑、指导实践。

从广义的角度来说,高校党建则是指在高校党委的领导下,以马克思主义为指导思想,全面贯彻执行党的基本路线和教育方针,围绕高校各级党组织和党员的教育、管理、服务和发展所开展的工作。这包括加强党对高校的领导,确保高校的发展方向与党的教育方针相一致;提升高校师生的思想政治素质,培养社会主义建设者和接班人;推动高校的科学研究和社会服务,为国家经济社会发展提供智力支持和人才保障;以及加强高校党的自身建设,提高党组织的凝聚力和战斗力。

自党的十八大以来,党中央加强了对高校党建工作的领导,实施了一系列基层党建质量提升计划。中组部和教育部也发布了一系列文件,旨在健全基层党建制度,为高校党建工作提供制度保障。这些举措不仅加强了党对教育工作的全面领导,也为实现高校党建高质量发展奠定了坚实基础。通过这些努力,我们为开展人民满意的教育、实现教育现代化以及教育强国建设提供了坚定的政治、思想和组织保障。

二、高校党建的理论基础

(一)马列经典作家关于党建思想

1. 马克思、恩格斯的党建思想

马克思、恩格斯的党建思想是其科学社会主义理论体系的重要组成部分,为后来的共产党建设提供了重要的理论基础和指导原则。

第一,明确共产党的阶级性质。马克思、恩格斯首先明确了共产党的阶级性质,即共产党是无产阶级的先锋队,代表着无产阶级的利益。这一性质决定了共产党的奋斗目标和行动方向,始终站在无产阶级的立场上,为无产阶级的解放事业而斗争。这一思想奠定了共产党作为工人阶级政党的根本属性,为后续共产党的发展壮大奠定了坚实的阶级基础。

第二,阐释共产党的政治纲领。马克思、恩格斯在《共产党宣言》中详细阐释了共产党的政治纲领,即推翻资产阶级统治,由无产阶级夺取政权,消灭私有制,实现人的自由而全面地发展。这一纲领明确了共产党的奋斗目标和历史使命,为共产党人的革命斗争指明了方向。同时,他们也强调了纲领的实践性,即共产党人要通过实际行动来实现这一纲领。

第三,指出共产党的鲜明特征。马克思、恩格斯进一步指出了共产党的鲜明特征,包括科学性、先进性和国际性。共产党以马克思主义作为行动指南,坚持用马克思主义的立场、观点和方法解决问题,体现了其科学性。同时,共产党作为无产阶级的先锋队,由各国无产阶级的优秀分子组成,具有先进性。此外,共产党还坚持无产阶级的国际主义原则,强调无产阶级的共同利益,体现了其国际性。这些特征共同构成了共产党的独特优势和核心竞争力。

第四,论述共产党的基本原则。马克思、恩格斯在总结党的建设实践的基础上,提出了党内民主原则。他们强调民主是共产党的第一要义,要通过选举产生党的各级领导机构,保障党员的民主权利。同时,他

们也认为必要的集中制是必不可少的基本要素，共产党必须遵守统一的纲领和严明的纪律。这些原则为共产党的组织建设和党内生活提供了重要的指导。

2. 列宁的党建思想

列宁的党建思想是无产阶级政党建设的重要理论基础，它对于俄国布尔什维克党的发展以及后来的苏联共产党和其他无产阶级政党都有着深远的影响。

列宁强调，共产党必须以马克思主义理论为指导，这是党的先进性的根本标志。党必须掌握马克思主义理论，并将其作为全部活动的基础，以此确定自己的奋斗目标，制定正确的纲领、路线，采取有效斗争策略和活动方式。

列宁主张党应当有严密的组织和统一的纪律，实行民主集中制。他提出了职业革命家组织与工人组织相结合的新型组织形式，并强调职业革命家组织的核心作用。同时，他明确要求党员必须参加党的一个组织，执行党的决议，并严格遵守党的纪律。

列宁认为党是无产阶级组织的最高形式，是无产阶级专政和社会主义建设的领导力量。他强调党必须在政治上领导无产阶级，并通过无产阶级领导全体劳动群众。同时，党还必须领导社会主义经济建设，大力发展社会生产力。

列宁指出，党必须根据本国的具体情况制定正确的纲领、战略和策略。他认为一个政党如果没有纲领，就不可能成为政治上比较完整的、善于在任何转折时期始终坚持自己的路线的有机体。因此，他提出了丰富的战略策略思想，以实现党的纲领和政治领导。

列宁认为，群众是划分阶级的，而阶级通常是由政党来领导的。他强调了领袖在政党中的重要作用，但同时指出领袖不是自封的，而是在群众斗争实践中涌现出来并被群众公认的。此外，他还强调了党必须保持同群众的密切联系，认为这是党的力量源泉。

在新经济政策时期，列宁十分重视基层党组织的文化建设。他提出要提升城市工人阶级和基层党组织的文化建设水平，旨在通过文化层面的引导来巩固社会主义政权并推动社会主义建设。

在列宁的党建思想中，他提出建立以布尔什维克党为领导的多党联合执政的政党制度，并明确了党对国家机关实行“总的领导”的原则。这些举措实现了从一党直接执政到党政职能分开的重要转变，使苏维埃国家的党政关系、布尔什维克党的领导方式和执政方式发生了根本性变革。

列宁视批评与自我批评为无产阶级政党的重要标志和革命胜利的关键。他认为，只有通过不断地批评与自我批评，政党才能保持活力和朝气。列宁在党的建设中始终强调这一点，并认为无产阶级政党必须勇于面对和纠正自己的错误。

（二）十八大前党的领导人关于高校党建论述

1. 高校党的政治建设

政治建设是高校党建工作的核心。毛泽东同志在中华人民共和国成立初期就明确了学校教育的政治方向，并强调党的领导是确保教育人民性和社会主义性质的根本。他在视察天津大学时提出的“三个抓住”中，第一个就是党委领导，凸显了政治建设的重要性。邓小平同志在改革开放后也重申了学校应始终把坚定正确的政治方向放在首位。江泽民同志和胡锦涛同志同样强调了保持正确政治方向和坚持党的领导在高校建设中的关键作用。

2. 高校党的思想建设

思想建设是党的基础性建设。毛泽东同志非常重视党员的思想教育，他提出要把党的思想建设放在党的各项建设的首位，并强调学校意识形态的重要性。邓小平同志在“实践是检验真理的唯一标准”的思想大讨论中，重新确立了党的思想路线，推动了高校党的思想建设的新发展。江泽民同志和胡锦涛同志也分别强调了用马克思主义理论武装全体党员和加强理想信念教育的重要性。

3. 高校党的组织建设

组织建设是确保党的方针政策和决策部署得到有效贯彻的关键。毛泽东同志特别关注高校党委领导班子建设,强调没有一个积极的领导骨干,学校就无法办好。邓小平同志则重视高校的领导体制问题,提出了党委领导下的校长分工负责制。江泽民同志和胡锦涛同志也分别对高校党的组织建设提出了具体要求,强调要配备好领导班子和坚持民主集中制。

4. 高校党的作风建设

作风建设关系到党的形象和事业的成败。毛泽东同志在中国共产党第八次全国代表大会上指出了党内存在违背马列主义的观点和作风,并强调了批评与自我批评等优良传统的重要性。邓小平同志、江泽民同志和胡锦涛同志也分别就党的作风建设发表了重要论述,强调要大兴密切联系群众之风、求真务实之风、艰苦奋斗之风等。

5. 高校党的纪律建设

纪律建设是党的生命线,也是高校党建工作的重要保障。毛泽东同志提出了“加强纪律性,革命无不胜”的著名论断,强调了纪律的严明性。邓小平同志也指出纪律的重要性,并强调要培养遵守纪律的“四有”新人。江泽民同志和胡锦涛同志则分别从加强党的纪律检查工作和反腐倡廉建设的角度强调了纪律建设的重要性。

(三)习近平总书记关于高校党建理论

1. 强化党对高校的全面领导

站在新的历史起点上,习近平总书记对于加强和改进高校党建工作、推动我国高等教育事业迈向高质量发展给出了明确的指导。他强调,加强党对高校的领导是办好中国特色社会主义大学的关键所在。高校必须坚守中国特色社会主义办学方向，肩负起“为党育人、为国育才”的崇高使命，全面落实立德树人的根本任务，致力于培养优秀的建设者和接班人。为了确保党对高校工作的全面领导，习总书记进一步指出，要牢牢把握党对高校工作的领导权，使高校成为党的领导的重要阵地。

2. 深化高校思想政治工作

习总书记明确指出，思想政治工作是高校各项工作的生命线。面对社会转型时期多元价值观对主流意识形态的冲击，加强和改进高校思想政治工作显得尤为重要。他强调，高校思想政治工作不仅关乎学生，更深深地影响着青年一代的思想观念、价值取向和精神风貌。因此，高校需全面贯彻党的教育方针，以党建工作为引领，将党建工作与思想政治工作深度融合，推动二者相互促进、共同提高。

3. 充分发挥党委的领导核心作用

习总书记强调，高校党委应全面领导学校工作，肩负起管党治党、办学治校的主体责任。他要求高校党委要加强顶层设计，全面发挥领导作用，并坚持和完善党委领导下的校长负责制。这一制度是我国高等学校坚持社会主义办学方向的根本保证，也是提高党的领导力、推动高等教育事业高质量发展的关键。

4. 夯实基层党组织的基础性作用

习总书记指出，要加强高校党的基层组织建设，提升其做思想政治工作的能力。他特别强调了在高校教师和学生中发展党员的重要性，并要求加强党员队伍的教育管理。通过夯实基层党组织的战斗堡垒作用，激发基层党组织的活力，推动高校党建工作向系统化、高质量发展迈进。

5. 全面推进从严治党向高校延伸

习总书记强调，要将全面从严治党的要求延伸到高校，加快构建反腐倡廉的有效机制。他要求高校将深化改革与全面从严治党相结合，明晰责任、完善制度、堵塞漏洞,确保高等教育事业的健康发展。同时,他也强调了巡视工作在高校党建中的重要作用,要求通过巡视全覆盖来加强高校党的建设、创建风清气正的教书育人环境,推动我国高等教育事业不断向前发展。

第二节　新时期高校党建工作取得的成就及存在的问题

一、新时期高校党建取得的成就

(一)高校领导班子建设切实加强

高校领导班子的建设质量直接关系到高校的办学方向和内涵发展。

1. 高校领导班子的思想政治建设得到深化

对于高校领导干部而言,加强思想政治建设至关重要。通过提升领导班子的思想政治素质,贯彻落实党的教育方针和高等教育规划,有助于推动高校教育质量的提升和教育事业的发展。在领导班子建设中,始终坚持理想信念教育,坚守社会主义理念,确保在高校教育方针下把握社会主义办学方向。同时,通过连续举办干部培训活动,如教育部曾连续组建多期高校领导干部进修班,以及各地方党委和高校结合自身情况开展专题培训,都旨在提升领导班子的政治敏锐度和鉴别能力,进一步巩固马克思主义在高校意识形态领域的主导地位。

2. 高校领导班子结构配置得到优化

近年来,高校领导班子经过不断调整,吸引了大批高学历、高素质人才加入。在选拔和任用领导干部时,坚持德才兼备的原则,注重工作实绩和群众认可,同时重视基层工作经历。通过优化领导班子结构,选拔精通教学、科研的学术型干部和具备丰富管理经验的专职型干部,实现了领导班子在年龄、学历、专业背景等方面的合理配置。相关数据表明,高校领导班子成员在学术水平和学历层次上有了显著提升,实现了学科互补,为高校事业发展提供了有力的人才保障。

3. 高校领导班子作风建设持续加强

高校作为马列主义的思想高地,肩负着培养社会主义事业建设者和接班人的神圣使命。因此,加强高校领导班子的作风建设,对于确保高校始终沿着正确的方向前进,具有极其重要的意义。

高校始终坚持以“为民、务实、廉洁”为核心,将作风建设贯穿于教育教学、科学研究、管理服务等各项工作中。通过增强党员干部的宗旨意识,使其深刻认识到自身的使命与责任,切实为人民服务,维护人民利益。同时,高校积极推进党员干部践行群众路线,深入基层、深入师生,了解他们的需求和关切,解决实际问题,提升师生满意度。

此外,高校还不断加强民主治校和阳光治校工作。通过推进民主决策、公开透明办学等措施,保障师生的知情权、参与权和监督权,提高高校的民主管理水平。同时,高校也高度重视上级纪委的巡视意见,认真对照检查,及时整改问题,确保高校各项工作规范有序。

为了进一步强化党员干部的纪律意识,高校还积极开展自查自纠工作。通过深入剖析自身存在的问题和不足,制定切实可行的整改措施,推动高校作风建设的不断深入。这些措施的实施,不仅巩固了高校改革成果,也为高校的长远发展奠定了坚实的基础。

为了进一步提升党员干部的思想政治素质和业务能力,各高校还积极开展丰富多彩的教育活动。例如,清华大学等高校通过举办辅导报告、过“政治生日”等活动,让党员干部深刻领悟党的创新理论,提升党性修养,增强事业心。这些活动不仅净化了党员干部的心灵,也增进了他们与师生的紧密联系,共同推动高校事业的持续发展。

（二）高校党的基层组织建设进一步加强

1. 基层党组织建设不断深化

随着《中国共产党普通高等学校基层组织工作条例》的修订与实施，高校基层党组织的地位和作用得到了进一步明确和提升。各高校纷纷响应，以该文件为指导，不断加强基层党组织建设。通过优化组织设置、完善工作制度、创新活动方式等措施，使得基层党组织的凝聚力和战斗力得到了显著提升。

2. 学生党组织建设日益完善

各高校高度重视学生党组织建设，通过探索和实践，逐渐形成了多种有效的党组织设置模式。以班级为单位建立党支部，能够充分利用同学之间的熟悉程度，提升党支部成员之间的交流和沟通效率，增强党支部建设的针对性和实效性。同时，建立纵向党支部，将不同年级、相同专业的学生党员组织在一起，有利于提升党务工作效率，发挥高年级党员的“传帮带”作用。此外，各高校还注重强化制度建设，坚持以民主集中制为中心，完善党支部工作制度，确保学生党员在入党后能够继续保持先进性和模范作用。

3. 学生党员发展机制逐步健全

为了确保大学生党员的质量，各高校不断完善学生党员发展机制。通过做好学习培训工作、加强培养保障、加强日常锻炼与服务联系等多方面的措施，积极培养优秀的大学生党员。三级培训体系、入党联系人制度以及责任追究制等制度的实施，为大学生党员的培养和发展提供了有力的制度保障。同时，各高校还通过开展丰富多彩的党内活动和服务联系工作，帮助入党积极分子快速成长，增强党组织的吸引力和凝聚力。

在全面加强党的建设的时代背景下，高校党的基层组织建设取得了显著成效。大学生党员数量快速增长,党员质量不断提高,为党和国家的事业发展注入了新的活力。未来,各高校将继续以习近平新时代中国特色社会主义思想为指导,不断推进党的基层组织建设向纵深发展,为培养社会主义建设者和接班人作出更大的贡献。

(三)高校思想政治工作进一步加强

近年来,高校思想政治工作受到了广泛的重视。习近平总书记在全国教育大会上强调了思想政治工作的重要性,各级党委和教育部门也在积极落实相关措施,形成了全社会共同关心和支持高校思想政治工作的良好氛围。

1. 坚持马克思主义理论与强化意识形态工作

高校积极贯彻习近平总书记的讲话精神,坚持正确的政治方向和舆论导向。通过推进中国特色社会主义理论体系的教育,创新思想政治理论课内容和形式,扩展宣传平台,以及形成协同育人体系,强化了意识形态工作。

高校积极推进中国特色社会主义理论体系进教材、进课堂、进学生头脑的“三进”工作。通过使用马克思主义理论研究和建设工程重点教材,确保学生接受到统一、正确的理论教育。

针对思想政治理论课在学生需求与教学内容之间的矛盾,高校集中优势发挥党组织的领导力,创新教学内容和形式。

随着信息产业的发展,高校也积极利用微信、微博、互联网等新媒体平台进行思想政治教育和意识形态宣传。如湖南师范大学党委组织部创建的微信平台,就把思想教育融入日常,传播党组织主流思想。

2. 构建思想政治理论课体系与优化课程质量

为适应新形势的需要,中央调整和改革了高校思想政治课程体系,出台了“05 方案”。同时,为了强化高校的思想政治理论教育,国家投入大量资源编写了“马工程”重点教材,这些教材在全国范围内推广使用,并且各高校积极开展全员培训,以及进行大规模的教学调研活动,提升了思想政治理论课的教学质量，并得到了学生和专家的积极评价，显著提升了教育教学的实效性。

3. 加强思想政治工作队伍建设

中央历来重视高校思想政治教育工作，并通过制订培养规划、组建研修班、开展社会实践等措施，加强了思想政治理论课教师队伍的建设。同时，各高校也基本建成了专兼结合、结构合理、优势互补的思想政治教育工作队伍，为高校思想政治工作提供了有力保障。

（四）高校党风廉政建设深入开展

高校在党风廉政建设中，首先注重的是制度的建设与落实。各高校纷纷制定和完善了相关规章制度，如财务管理、公务用车管理、公款消费管理等，以确保各项工作的规范性和透明度。同时，通过建立健全党风廉政建设领导小组，定期召开会议研究学校廉政风险防控工作，进一步强化了对制度落实的监督。

各高校在党风廉政建设中，加强了对学校各项工作的监督检查，成立廉政监察机构，建立学校廉政监察制度，对学校各项工作进行廉政风险防控。此外，还不断建立健全举报投诉制度，为师生提供举报投诉渠道，对举报投诉进行及时查处，从而有效地解决廉政问题。

为了增强全体师生的廉政意识和反腐意识，高校积极开展廉政教育培训活动，通过组织专题讲座、培训班等形式，对师生进行廉政教育，提高他们的廉洁自律和反腐拒贿能力，这在一定程度上增强了师生的廉政意识，也为高校的党风廉政建设提供了有力的思想保障。

随着科技的发展，高校也开始将科技手段应用于党风廉政建设中，通过建立网上廉政风险防控平台，集中管理和监督学校各项廉政风险防控工作，提高了工作效率和效果，方便了管理，也增加了党风廉政建设工作的透明度和公正性。

二、新时代高校党建工作存在的问题

在新时代背景下，高校党建工作虽然取得了一定的进展，但仍存在诸多问题和挑战。以下是对当前高校党建工作存在问题的探讨。

（一）思想政治建设不够扎实

部分高校在思想政治建设上存在明显的短板。一方面，重业务学习、轻政治理论学习的现象普遍存在。一些高校过分强调教学和科研工作，忽视了政治理论学习的重要性，导致师生对党的理论、方针、政策了解不够深入；另一方面，对马克思主义学院和政治理论课的重视程度不够，没有严格按照教育部的要求来配置思想政治理论课教师和辅导员，影响了思想政治工作的深入开展。

（二）党委领导下的校长负责制执行不力

尽管大多数高校都了解并尝试贯彻党委领导下的校长负责制，但在实际操作中仍存在不少问题。首先，党委和行政的职责分工不够明确，导致权力"错位"现象时有发生。其次，党委书记和校长之间的关系需要进一步协调，以避免因个人矛盾影响学校的整体发展。最后，民主集中制在某些高校没有得到充分落实，议事决策制度不健全，影响了领导班子的形象和决策效率。

（三）基层党组织效能发挥不足

高校基层党组织在设置、活动质量和党员发展等方面都存在一定的问题。部分基层党组织的设置不够完善，没有覆盖到所有师生党员。同时，组织生活质量有待提高，活动内容缺乏针对性和实效性，形式单一，难以激发师生党员的兴趣。此外，师生党员的发展质量也需要进一步提升，特殊人员如具有海外留学或进修经历的青年教师的管理也存在漏洞。

（四）意识形态工作开展不到位

高校在意识形态工作方面也存在明显的问题。部分高校党委没有切实负起政治责任和领导责任，导致意识形态领域的重大问题得不到及时分析和研判。同时,一些高校领导对意识形态工作的重视程度不够,没有站在第一线抓好意识形态阵地的建设和管理工作。此外,意识形态阵地的管理存在薄弱环节和风险点,错误思想和观点仍有传播空间。

(五)作风纪律建设有待加强

在作风纪律建设方面,高校领导干部在思想、工作、领导和生活作风以及违纪违法等方面都存在一定的问题。部分领导干部思想懈怠、工作缺乏力度和创新精神、领导作风不深入基层以及生活作风铺张浪费等现象时有发生。更为严重的是,一些高校领导干部甚至出现了违纪违法行为,严重影响了高校的声誉和形象。

为了解决这些问题,高校需要进一步加强思想政治建设、完善党委领导下的校长负责制、提升基层党组织的效能、落实意识形态工作以及加强作风纪律建设等方面的工作。只有这样,才能确保高校党建工作的顺利开展,为培养社会主义建设者和接班人提供坚实的政治和组织保障。

第三节　全面加强新时期高校党建工作

高校作为培养社会主义建设者和接班人的重要阵地,其党建工作的重要性不言而喻。全面加强新时期高校党建工作,不仅是推动高等教育事业发展的内在要求,也是实现中华民族伟大复兴中国梦的必然选择。

一、发挥政治优势:处理好党的领导与行政领导之间的关系

在高校治理体系中,党的领导与行政管理相互依存、互相促进。为了确保校园政治生态的良性发展以及提升服务国家战略的能力,必须以高质量的党建工作推动学校事业的全面进步。

（一）巩固并完善党委领导下的校长负责制

党委领导下的校长负责制体现了中国特色的高校管理模式，它有助于强化党委的核心领导作用，确保党在高校治理中的全面领导地位。然而，在实际操作中，需要避免党委书记的过度控制，以免挫伤行政部门的积极性，导致管理上的重叠和效率低下。同时，也要防止校长越权，以确保党的教育方针和政策得到全面贯彻。因此，党委书记和校长应共同努力，加强沟通与合作，明确各自职责，形成党政融合发展的良好局面。

（二）促进党建工作与业务工作的深度融合

为了实现党建工作与业务工作的深度融合，首先需要增强各级党组织和行政部门负责人的融合意识，加强思想政治教育工作，激发广大师生的思想自觉。其次，要提升融合能力，通过交叉任职和专题培训等方式，提高党政干部的工作能力。最后，要完善融合机制，建立党政协同会商制度，明确融合任务清单，推动党建与业务工作向更全面、更深入、更有效的方向发展。

（三）实现依规治党与依法治校的有机结合

依规治党和依法治校都是法治思想在高校治理中的具体体现。为了确保高等教育的高质量发展，高校党委应深入学习贯彻习近平法治思想，建立完善的法治工作机制。同时，要构建以党内法规为基石、以大学章程为核心、以具体制度为支撑的内部管理体系。通过依规治党推动党的建设工作有序进行，通过依法治校提升学校治理的现代化水平。二者相结合，共同构筑起防腐的制度屏障，推动高校事业的健康发展。

二、发挥制度优势：处理好民主与集中之间的关系

通过建立健全各项党建制度，可以确保党建工作的规范化、系统化，提高党建工作的效率和质量。

发挥制度优势一是能够明确党建工作的目标和任务，为各级党组织

和党员提供清晰的工作指引；二是能够规范党建工作的流程和标准，确保各项工作的有序开展；三是能够提供有效的监督和考核机制，确保党建工作的落实和成效。

民主与集中是党的组织原则的两个重要方面，二者相辅相成，缺一不可，民主是集中的基础，只有充分发扬民主，广泛听取各方意见，才能确保决策的科学性和合理性。而集中则是民主的保障，只有通过有效的集中，才能将民主的意见和建议转化为具体的决策和行动。在高校党建工作中，一方面，要充分发扬民主，尊重师生员工的主体地位，鼓励他们积极参与党建工作，提出宝贵的意见和建议。这不仅可以巩固党建工作的群众基础，还可以增强师生员工的归属感和责任感。另一方面，要坚持正确的集中，确保党建工作的方向正确和重点明确。这要求高校党组织在充分听取各方意见的基础上，进行科学的分析和判断，形成明确的决策和行动方案。

高校要建立健全党建工作的各项制度，明确各级党组织的职责和权限，规范党建工作的流程和标准，为民主与集中的协调提供有力的制度保障；通过定期召开党员大会、民主生活会等形式，充分听取党员的意见和建议，增强党员的参与感和归属感；加强对党员的教育和培训，提高他们的政治素质和组织纪律性；高校党组织要坚持正确的政治方向，明确党建工作的重点和难点，制订切实可行的工作计划，在决策过程中，要充分发扬民主，广泛征求意见，但最终决策要由党组织集体讨论决定，并确保决策的有效执行。

三、发挥机制优势：处理好自我革命与监督考核之间的关系

高校应着力完善党建工作制度体系，为党建工作的有序开展提供坚实的制度保障。制定详尽的党建工作流程和操作规范可以确保从计划到执行的每一步都有法可依、有章可循。同时，建立明确的责任清单，将各级党组织和党员干部的职责细化到具体的工作任务上，增强他们的责任感，并形成有效的责任闭环，增强整个党建工作的系统性和规范性。

遇到问题时，高校党建工作必须敢于直面问题，勇于自我革新。通过定期开展自我评估，党组织能够及时发现并纠正工作中的偏差和不足，不断进行自我完善。高校可以组织专题研讨活动，围绕党建工作中的重难点问题进行深入交流，可以激发党员干部的创新思维，寻求更加

有效的解决方案。高校党组织通过实施党员干部培训计划,不断提升他们的政治觉悟和业务能力,进一步培育其自我革命的精神,为党建工作注入源源不断的动力。

另外,高校应建立一套科学、全面的考核体系,以确保党建工作的实效性。该体系应结合高校实际情况,综合考虑工作业绩、创新能力以及师生满意度等多个评价维度,从而全面、客观地评价党建工作的成果。通过实施动态监控,利用信息化手段实时跟踪党建工作的进展情况,可以及时发现并解决问题,确保各项任务能够按时、高质量地完成。可以引入第三方评估机构对党建工作进行客观、公正的评估,为高校党建工作提供更加专业的反馈意见,提升党建工作的公信力和影响力。

在队伍建设方面,高校应注重选拔和培养优秀的党务工作人才,从教学、科研一线选拔政治素质高、业务能力强的人才充实到党务工作岗位上,提升整个队伍的专业素养和综合能力;实施轮岗交流制度也是一个有效的手段,通过推动党务工作者与其他岗位人员进行轮岗交流,拓宽他们的视野并提高其工作能力;此外,建立合理的激励机制,对在党建工作中表现突出的个人和集体给予及时的表彰和奖励,激发大家的工作热情和积极性,从而推动高校党建工作的持续发展。

四、发挥能力优势:处理好决策与执行之间的关系

全面加强高校党建工作,不仅需要深厚的理论功底和丰富的实践经验,更需要发挥能力优势,优化决策与执行的关系,这关系到高校党建工作的效率和质量,直接影响到党的教育方针能否得到有效贯彻,以及高校能否真正培养出符合时代要求的高素质人才。

高校党建工作中领导干部和党员要具备对党的理论和方针政策的深刻理解的能力、在复杂多变的形势中做出正确决策的能力,以及有效执行决策的能力。在新时期,高校党建工作面临着多元化的思想冲击、复杂化的社会环境以及日益严峻的人才培养任务。因此,发挥能力优势,特别是政治判断力、政治领悟力和政治执行力,就显得尤为重要。

决策与执行是高校党建工作的两个关键环节,科学的决策能够为党建工作指明方向,有效的执行则能够确保决策落到实处。然而,在党建工作实践中,往往会出现决策与执行脱节的情况。有时决策过于理想化,缺乏可执行性;有时执行力度不够,导致决策成为一纸空文。因此,

优化决策与执行的关系，确保二者之间的紧密衔接和良性互动，是提升高校党建工作效能的关键。

在决策过程中，要始终坚持党的教育方针，准确把握国内外教育发展的新形势、新要求，通过对教育规律的深刻理解和精准把握，制定出既符合党的方针政策，又贴近高校实际的党建工作决策。领导干部和党员要不断学习党的理论和方针政策，深刻领会其精神实质和实践要求。在执行过程中，要能够准确把握决策意图，确保执行不走样、不变形。要确保决策得到有效执行，必须建立完善的执行机制，明确责任分工，加强监督检查。领导干部要带头执行决策，为党员和群众树立榜样。要建立有效的沟通机制，确保信息的畅通无阻，要注重收集反馈意见，及时调整决策和执行策略，以适应形势的变化和工作的需要。

五、发挥文化优势：融合价值引领与行为引导

高校作为文化传承和创新的重要阵地，具有深厚的文化底蕴和丰富的文化资源，这些文化资源不仅为党建工作提供了肥沃的土壤，也成为推动党建工作深入发展的独特优势。高校的文化氛围浓厚，师生文化素养高，这为党建工作的深入开展提供了有力的文化支撑。

在高校党建工作中，价值引领是塑造师生精神世界的重要方式，通过弘扬社会主义核心价值观，引导师生树立正确的世界观、人生观和价值观。这种价值引领不仅体现在课堂教学中，而且贯穿于校园文化活动的方方面面，使师生在潜移默化中受到熏陶和感染。

价值引领还需要与高校的专业特色相结合，将党建工作与学科建设、科研创新等紧密结合，使党建工作更加贴近师生实际，更具针对性和实效性。通过制定行为规范、开展实践活动等方式，引导师生将内在的价值观念转化为外在的实际行动。例如，通过开展志愿服务、社会实践等活动，使师生在亲身参与中体验社会责任和奉献精神，从而自觉践行社会主义核心价值观。通过树立先进典型，宣传他们的先进事迹和崇高精神，激励更多师生向他们学习，形成良好的校园风尚。

高校可以通过举办丰富多彩的文化活动，如学术讲座、艺术展览、文艺演出等，营造积极向上的校园文化氛围，注重将党建工作与校园文化建设相结合，使党建工作更加生动有趣、易于接受。高校要结合师生的特点和需求，创新党建活动的形式和内容，例如，利用微信、微博等新媒

体平台开展线上党建活动，吸引更多年轻师生的参与，注重将理论学习与实践活动相结合，使师生在参与中受教育、长才干。

高校要建立健全党建工作机制，明确工作职责和任务分工。加强党建工作的考核评价，确保各项任务落到实处。同时，注重激发师生参与党建工作的积极性和主动性，形成全员参与、共同推进的良好局面。

第四节 新时期高校智慧党建提升策略

一、智慧党建的内涵

随着中国信息传播在 2013 年迈入新的发展阶段，特别是“智慧城市”概念在 90 个试点城市的推广，智慧党建逐渐崭露头角。这一新型党建模式深受智慧城市理念的启发，将互联网的数据整合、交互分享等思维融入党建工作，为基层党建注入了新的活力。

智慧党建不仅是一个技术概念，更是一种党建工作理念的升级。它在党建信息化和党建智能化的基础上，追求党建工作的全面智慧化、数字化和平台化。通过整合信息化、智能化以及物联网技术，智慧党建旨在提升党建工作的效率与质量，推动党的建设和事业持续发展。

具体而言，智慧党建利用互联网、物联网、传感器等先进技术，强化和完善党建工作的各个环节。它将原本分散、独立的党建工作通过技术手段进行有机整合，实现与互联网技术的深度融合。这种融合不仅提升了党建工作的信息化、智能化水平，还使其更加可视化，从而构建了一个全新的“互联网 +”党建工作模式。

在这个模式下，“智慧”不仅是提升党建工作效率的手段，更是推动党建工作创新发展的途径。通过智慧党建，我们可以更好地理解和把握党建工作的新趋势，有力支撑党的成长和发展。总的来说，智慧党建是党建工作在互联网时代的重要创新，它标志着党建工作正朝着更加智慧、高效、交互的方向迈进。

二、高校智慧党建的革新

随着高校党建任务的日益繁重,传统的党建方式已难以满足现代高效、精准的管理需求。为此,高校开始积极探索智慧党建,这是一种融合了"互联网+技术"的新型党建工作模式,旨在提升党建工作的效率、准确性和科学性。

智慧党建,顾名思义,是借助智能化的手段来推进党的建设。它依托于网络信息平台,充分利用信息化和数字化的新媒介,推动党建工作朝着数字化、智能化、信息化、科学化和高效化的方向发展。这种模式的出现,不仅是对传统党建方式的革新,更是适应时代发展的必然趋势。

在高校智慧党建的实践中,可以观察到几个鲜明的特点:

一是实时感知能力。通过智慧党建平台,高校能够实时发布党建信息,同时及时感知党员的活动情况和思想动态。这种实时追踪的功能,使得党组织能够更有针对性地进行管理,提高了党建工作的精准度。

二是协同反应机制。智慧党建平台为高校党组织、党员之间提供了一个便捷的沟通互动渠道。通过这种扁平化的交流方式,不仅能够提升党建工作的效率,还能促进彼此之间的共同进步。

三是资源共享。在当今信息化、数字化的时代背景下,高校智慧党建系统得益于大数据、云计算等多种先进信息技术的有力支撑,能够将原本散落在各个角落、难以整合的党建信息资源进行集中化、系统化的存储和管理。这一创新举措不仅能够解决以往党建工作中资源分散、利用效率低下的问题,更可以通过线上与线下相结合的方式,构建全方位、多层次的资源共享平台。首先,系统能够将各类党建资料、历史档案、学习材料等进行数字化处理,形成统一的信息资源库,便于各级党组织和党员随时查阅和学习。其次,通过云计算技术,这些资源可以在不同的终端设备上进行同步和分享,无论是手机、平板还是电脑,都能轻松访问到所需的党建信息。最后,线上与线下的有机结合,使得党员们可以在实体党建活动中交流心得,同时在线上平台继续深化学习和讨论,实现了资源的最大化利用。这种资源共享模式的实施,极大地提高了党建资源的利用效率,促进了党内信息的流通与更新。各级党组织和党员能够更加便捷地获取到最新、最全面的党建资料,从而有效提升自身的思想政治素质和业务能力。当然,资源共享也加强了党组织之间的沟通与协作,推动了党建工作的整体进步和创新发展。

四是智能分析能力。智慧党建平台能够整合高校党组织、党员的各项信息,如党籍、任职情况、思想动态等,并建立完整的组织架构图。通过引入先进的数据分析技术,对这些信息进行深度挖掘和分析,为高校党组织提供全面、有针对性的数据管理和建设方案。利用智能化技术,可以实现对党员工作生活状况的实时跟踪,提高党员的工作质量和效率,通过智能分析,可以为党员提供个性化的服务,如在线学习资源的智能推荐,以满足不同党员的学习需求。基于大数据分析,智慧党建平台能够为高校党组织提供科学的决策支持。例如,通过分析党员的学习和参与情况,可以预测党员的需求和行为趋势,从而指导党组织制订更合理的工作计划。

三、新时期高校智慧党建面临的挑战及其成因

在新时期,高校智慧党建虽然已有所进展,但仍存在诸多不足。这些问题的根源主要在于顶层设计的不足、技术创新的滞后、协同机制的缺失、线上功能的单调性以及技术人才的匮乏。以下是对这些问题的深入剖析。

(一)顶层设计的不足及其原因

高校智慧党建作为党建工作的创新实践,目前尚处于不断探索与完善的阶段。为了确保其实际效果得到进一步提升,迫切需要进行全局性的顶层设计,以推动其全面深化与发展。然而,现实情况却是,高校智慧党建在实践中尚未将党员管理的各个环节有效地融入智慧平台,这使得在日常工作中,如党费收取、党务活动材料发放、入党积极分子批准等环节,依然需要投入大量的人力、物力和财力,这无疑在一定程度上降低了工作效率。尽管各级党组织已尝试通过建设党建网站、云平台和应用程序等方式来推进智慧党建,但整体上仍缺乏全面、长远的顶层设计和规划。这主要是因为许多高校对智慧党建的理解还不够深入,未能充分认识到其在提升党建工作效率和质量方面的重要作用,因此在顶层设计和规划上投入不足。

（二）技术创新的滞后及其原因

智慧党建是现代化技术发展的产物，它融合了云服务、大数据、区块链、人工智能等多种先进技术。然而，当前尽管高校智慧党建在推进中取得了一定的成效，但在技术应用层面仍存在诸多不足，亟待改善。一方面，由于经费相对有限以及技术更新换代的速度极快，智慧党建平台的建设和升级面临着不小的挑战。经费的限制往往使得高校在选购和更新软硬件设备上捉襟见肘，难以跟上技术发展的步伐，进而影响到智慧党建平台的整体效能。另一方面，高校普遍缺乏专业的信息技术团队，这也是制约智慧党建进一步发展的关键因素之一。由于缺乏具备专业技能和经验的信息技术人员，高校往往难以提供持续、稳定的技术支持，使得智慧党建平台在运营和维护过程中频繁出现各种问题，严重影响了党建工作的质量和效率。

（三）协同机制的缺失及其原因

在信息时代，数据共享和协同工作显得尤为重要。然而，目前高校智慧党建在协同机制方面还存在明显不足。各级党组织之间的信息共享程度低，存在信息孤岛现象，且数据格式不统一，导致数据资源的利用价值大打折扣。这主要是由于缺乏统一的数据共享标准和规范，以及各级党组织之间缺乏有效的沟通和协作机制。

（四）线上功能的单调性及其原因

虽然高校智慧党建平台和门户正在逐步建立，但许多平台的线上功能仍然较为单一，主要集中在文字、图片等简单信息的发布上，缺乏音频、视频等多媒体内容，以及评估、考核、交流互动等多元化功能。这导致平台的吸引力和互动性不足，难以充分发挥其宣传、教育和辐射作用。造成这一问题的主要原因是平台建设和维护的投入不足，以及对用户需求和行为习惯的研究不够深入。

（五）技术人才的匮乏及其原因

高校智慧党建工作需要一支既懂党务又懂技术的专业人才队伍来支撑。然而，目前许多高校在这方面的人才储备明显不足。这主要是由于高校对技术人才的引进和培养不够重视，导致专业人才的匮乏。同时，现有的党务工作者在技术应用和网络技能方面也存在不足，难以适应智慧党建发展的需要。因此，各高校应加大对技术人才的引进和培养力度，提升党务工作者的技术水平，为智慧党建提供有力的人才保障。

四、高校智慧党建提升策略

高校智慧党建，作为应对新时期党建工作挑战的一体化方案，已在初步的探索与实施中取得了显著的成效。然而，也存在顶层设计缺乏、技术应用待更新、协同性不足、线上功能单调以及技术人才短缺等问题。针对这些问题，我们需要明确高校智慧党建的目标定位，并探索其实施的现实路径。

（一）强化顶层设计，构建科学的智慧党建框架

智慧党建是以党的建设的基本要求为核心，利用现代技术手段提升党建工作质量和效率的重要实践。在互联网时代背景下，高校应加强顶层设计，夯实基础设施，以推动党建治理体系和治理能力的现代化。

1. 打造智慧党建工作体系

在夯实基础设施方面，应着力构建一个科学、高效、信息化和数字化的智慧党建工作体系。这一体系不仅要涵盖资源共享、平台互动、责任考核与党务管理等多个方面，还要注重提升组织效能，推动党的组织和工作范围的全面拓展。

2. 树立互联网系统思维

在顶层设计中，要坚持互联网系统思维，加强整体布局，实现各部门、各层面的协同配合。通过科学谋划和合理设计，推动高校党建工作提质增效，打造线上与线下互联互通、虚实结合的智慧党建发展格局。

3. 整合党建数字资源

为了促进智慧党建的信息化建设，我们还需要加大党建资源整合力度。通过融合校内外多种党建数字资源，进一步梳理和提升已有智慧党建平台功能，加快党建数字化建设步伐。

（二）夯实技术基础，实现智慧党建的高效管理

在互联网技术高度发达的时代背景下，高校应充分利用现代技术夯实基础设施，实现高效的智慧党建管理。

1. 加强技术基础设施建设

通过加大技术基础设施建设投入力度，运用人工智能、大数据、云计算等新技术为基层党建工作提供新思维和新方式。同时，结合党的最新理论研究成果和立德树人的根本任务，统筹现代信息技术与高校党组织建设、党员教育管理，实现全面布局和一体化管理。

2. 推进校园无线网络建设

为了适应师生党员智慧工作开展的现实需要，高校应加快无线校园网络的建设，并投入必要的资金和技术进行维护与更新。利用新技术手段如5G技术和虚拟现实技术为高校师生提供全方位、立体式的展示效果，实现更为丰富、深刻的传播和交流。

3. 构建智能化、数字化党建立体化平台

通过构建内容充实、综合性能良好的智慧党建平台,完善平台体系建设架构并提升平台综合性能。利用AI技术开发机器人等智能化应用,探索个性化学习和日程安排、智能化党务信息查询推送等功能。同时建立合理的师生党员素质数字化评价模式。

(三)精准把握需求,提供优质服务

高校思想政治工作的生命线是贴近师生、服务师生。因此,在推进智慧党建过程中应精准把握师生党员的现实需求,并提供全面优质的服务。

1. 深入了解师生需求

新时期高校智慧党建需要站在教师和学生的立场上,发掘与他们切身利益相关的材料作为突破点。通过提出与社会主流价值观相一致的观点与意见来引导学生与教师形成正确认识,并根据他们的反馈调整内容形式以引起共鸣。同时考虑到青年师生的阅读习惯,采用更加通俗易懂、口语化、故事化的表达方式拉近与师生的关系。

2. 实现师生党员主体联动

在构建高校智慧党建工作体系的过程中,务必寻求党务部门队伍与高校师生党员之间的和谐平衡。作为智慧党建工作的核心参与者,他们既是知识的接收者,又是思想的传播者,因此,建立多维主体联动机制是构建高效智慧党建工作体系不可或缺的前提。通过精心打造这一主体联动机制,不仅能够更好地引导师生党员坚定理想信念,筑牢思想防线,更能确保党在高校意识形态工作中牢牢掌握领导权和主动权,促进党务部门队伍与师生党员之间的深入交流与协作,共同推动高校党建工作的创新发展,为培养更多优秀的党员后备军奠定坚实基础。

(四)创新模式与内涵,培育积极向上的智慧党建文化

随着高校智慧党建的深入实施,仅仅依靠传统的党建形式和内容已经无法满足新时代的需求。为了更好地适应互联网时代的发展,必须对党建的形式和内容进行全面的优化和更新,以培育更加健康、富有活力的智慧党建文化。

1. 打造多元化、互动性强的智慧党建形式

随着信息技术的迅猛发展,传统的党建形式已经难以吸引年轻党员的兴趣。因此,我们需要打造多元化、互动性强的智慧党建形式。通过引入新媒体元素,如利用微信公众号、社交平台等,以图文、视频等多媒体形式发布党建信息,能够更有效地传播党的理论和政策。同时,开展线上线下相结合的党建活动,如线上知识竞赛、线下主题党日活动等,能够提升党员的参与度,增强党组织的凝聚力。这些新形式的运用,不仅使党建工作更加生动有趣,还能更好地引发年轻党员的共鸣。

2. 丰富党建内容,提升党员综合素质

除了形式的创新,党建内容的丰富也同样重要。加强党性教育是提升党员综合素质的关键,通过线上课程、专题讲座等深入学习党的理论知识和优良传统,能够提高党员的党性修养和政治觉悟。此外,拓展实践教学,组织党员参与社会实践、志愿服务等活动,将理论与实践相结合,不仅能够提升党员的实践能力和社会责任感,还能加深他们对党的理论和政策的理解。同时,引入案例教学,通过深入剖析典型案例,引导党员进行深入思考和经验总结,进而提高他们分析问题和解决问题的能力。

3. 利用大数据技术,精准把握党员需求

在智慧党建的推进中,大数据技术的应用发挥着重要作用,通过建立党员信息管理系统,可以对党员的学习情况、活动参与度等进行全面

分析，从而为个性化学习推荐和活动组织提供有力依据。此外，定期开展需求调研，通过问卷调查、线上反馈等方式收集党员的需求和建议，能够不断优化智慧党建平台的功能和服务，更好地满足党员的实际需求。同时，利用算法实现智能推荐，根据党员的学习基础和兴趣爱好提供个性化的内容，将大幅提高学习效率，促进党员的全面发展。

（五）理顺运行机制，构筑坚强的智慧党建保障

为了确保高校智慧党建工作的顺利进行和有效发挥其作用，必须采取一系列措施来构建一个稳固的支持体系。

1. 构建高效的制度保障体系

高校智慧党建需要跨部门的协作与资源共享。为此，应建立一套规范的机制，包括传播、人才、激励和评估等方面，以推动智慧党建的创新与发展。同时，应制定符合实际情况的规章制度，确保二级院（系）党政联席会议制度的执行，并强化基层党支部的作用，提升组织建设和队伍建设的质量，提高执行力和创新力。

2. 建立多元化的组织与经费保障体系

高校应建立一个全员参与的智慧党建组织保障体系，在党委的领导下，成立领导小组，负责智慧党建的顶层设计和规划。此外，应建立一个多元化的经费保障机制，将智慧党建经费纳入学校的发展计划，并设立以财政拨款为主、学校自筹为辅的经费保障体系。

3. 建立党建信息化人才队伍建设机制

智慧党建的蓬勃发展离不开党务工作者的技术创新与思维革新。首先，高校要提高党员干部对信息化重要性的认识，经过强化信息化培训，提升党务工作者的信息素养和技术能力。其次，加强技术支持与资源整合，成立专门的领导机构来规划和部署党建信息化系统，整合党建资源，避免重复建设。再次，为了吸引和留住优秀的信息化人才，高校需

完善激励机制，通过科学的薪酬和奖励制度激发人才的工作积极性和创新能力。然后，应强化人才引进和流动，不断为队伍注入新鲜血液，保持活力和创新力。最后，在日常管理中，高校要优化人才管理制度，确保党建信息化人才队伍的高效运行，为他们提供良好的工作环境和充分的发展空间，以进一步推进党建信息化工作的开展。

4. 建立健全激励机制，营造积极向上的党建氛围

为了持续推动智慧党建的深入发展，建立健全激励机制至关重要。设立党员积分制度，根据党员的学习和活动参与度进行积分累计，能够有效激励党员更积极地参与智慧党建的各项活动。同时，定期开展评优评先活动，树立优秀党员和党小组的榜样，能够激发党员的责任心和进取心。此外，加强宣传引导，通过校内外媒体、宣传栏等渠道大力宣传智慧党建的成果和经验，有助于营造良好的党建氛围，进一步提升党组织的凝聚力和战斗力。这些措施共同构成了推动智慧党建健康发展的有力保障。

第三章　新时期高校思想政治教育教学及创新

第一节　新时期高校思想政治教育教学的现状

一、思想政治教育的总体现状

（一）高校与大学生对思想政治教育价值认识的偏差

中共中央、国务院《关于进一步加强和改进大学生思想政治教育的意见》明确指出，大学生是国家宝贵的资源，大学生思想政治教育具有深远的战略意义。然而，在新媒体时代背景下，高校与大学生对思想政治教育的重要性存在明显的认识偏差。

1. 高校对思想政治教育的战略地位认识不足

尽管党和政府多次强调立德树人是教育的根本任务，强调思想政治教育在高校工作中的主体地位，但实际操作中，这一理念并未得到充分贯彻。高校往往将提高教学质量和增加科研成果作为首要目标，思想政治教育往往被边缘化。当专业课程与思想政治课程发生冲突时，后者往往不得不做出让步。此外，由于缺乏足够的重视和资源投入，许多思想政治教育活动往往流于形式，未能达到预期效果。

2. 大学生对思想政治教育价值的误解

调查显示,大学生对思想政治理论课程的兴趣普遍不高,许多学生认为这些课程与他们的现实需求相去甚远。在网络功利化倾向的影响下,部分学生甚至将思想政治教育视为限制个人思想自由的工具。这种误解不仅影响了学生的学习态度和效果,也对高校思想政治教育工作的推进造成了阻碍。

(二)高校思想政治教育管理与制度建设亟待加强

高校思想政治教育工作的有效实施依赖于科学的管理和健全的制度建设。然而,当前高校在思想政治教育的管理与制度建设方面存在明显的不足。

首先,管理部门的设置和人员配备不足。目前,高校主要依赖学生处、团委等部门进行思想政治教育管理,但相对于专业教育人员,从事思想政治教育管理的人员数量明显不足,这导致在处理学生问题时显得力不从心。管理者往往只能采取机械式的"消防工作"模式,难以实现思想政治教育的人性化和个性化,也难以从学生实际出发,提高教育的实效性。

其次,管理制度的针对性和实效性不强。高校在制定思想政治教育管理制度时,往往缺乏对学生的深入了解,制度内容更多地侧重于管理者的便利而非学生的全面发展。同时,规章制度在执行过程中过于机械和单调,主要依赖于处罚手段,缺乏正向激励和引导。此外,高校在制定制度时往往照搬国家相关规定,缺乏自主性和因校制宜的灵活性。

再次,缺乏突发事件应对机制。面对学生思想政治突发事件,高校往往缺乏早期预警机制和完备的应急预案,这在一定程度上影响了思想政治教育的稳定性和持续性。

最后,思想政治理论课的管理弱化。一些高校在深化改革中,将思想政治理论课的管理降格或弱化,导致该课程的教学质量和效果受到影响。同时,思想政治理论课教师数量不足,却承担着繁重的教学任务,这无疑增加了教师的教学压力,也影响了教学效果。

（三）高校思想政治教育的人文关怀缺失

在思想政治教育工作中，人文关怀是至关重要的。它要求我们在教育人、引导人、鼓舞人、鞭策人的同时，也要尊重人、理解人、关心人、帮助人。这种人文关怀不仅体现了对个体基本权利和尊严的尊重，也强调了对人本质和社会属性的深刻理解。然而，当前高校思想政治教育在人文关怀方面存在明显的不足。

近年来，一些高校，特别是民办私立学校中，功利主义、实用主义等不良倾向愈演愈烈，这些现象不仅给高校思想政治教育工作带来了严重的冲击，也极大地损害了校园的文化底蕴和学术风气。目前，高校思想政治教育的主要形式仍是课程教学，但普遍存在过于依赖书本、缺乏科学精神和人文精神的弊端。在教学过程中，有时为了应对考核和评估，教学内容往往被简化为机械化的条例理论，虽然表面看似条理清晰，但实际上缺乏深入剖析和思辨的空间。这样的教学方式，使得教学内容在学术水平上大打折扣，难以引起学生的学习兴趣和深入思考。更值得注意的是，这样的教育模式也忽视了对学生人文关怀能力的培养。人文关怀不仅是教育的灵魂，更是培养学生综合素质的重要组成部分。缺乏人文关怀的教育，会使学生陷入片面追求分数和实用技能的误区，无法真正理解并认同思想政治教育的重要性和价值所在。

高校思想政治教育理论课应当具有人文教育的内容和属性，与人文课程相结合，以产生协同效应，更好地推进思想政治教育工作的开展。我国古代思想中早已蕴含了“以人为本”的理念，强调了人文关怀的重要性。高校作为培养人才的重要基地，更应当在思想政治教育中强化人文关怀，努力建设成为科学的殿堂和人文的摇篮，为培养德才兼备、全面发展的优秀人才贡献力量。

（四）高校思想政治教育亟须摆脱简单化、机械化的局限

在当前高校思想政治教育工作中，简单化、机械化的教育方式普遍存在，导致人文关怀的缺失，进而影响了教育的实效性。这种机械化的教育模式忽视了学生的主体地位和个性化需求，未能有效地塑造学生独立的人格，满足他们不同层次的成长需要。因此，高校思想政治教育亟

须摆脱这种局限，以更加人性化和个性化的方式进行教育。

在新媒体技术快速发展的今天，高校思想政治教育工作者应肩负起时代赋予的重任。高校要以国家兴旺发达、大学生的身心健康成长为己任，不断探索和创新教育模式，使思想政治教育更加贴近学生实际，更加符合时代要求。

高校要摒弃简单化、机械化的教育方式，注重人文关怀，关注学生的情感、思想和价值观。通过开展丰富多彩的实践活动，让学生在亲身参与中体验、感悟和成长。同时，还要加强科研工作，深入研究思想政治教育的规律和方法，提高教育的科学性和实效性。

二、当前思想政治教育课堂教学现状

（一）学生层面的问题

1. 学习积极性不足

当前，一些学生对学习思想政治教育课程缺乏足够的积极性。他们往往因为对课程内容不感兴趣或者认为课程内容与实际生活脱节而选择缺席或在课堂上分心。这种态度不仅影响了他们自身的学习效果，也对整个班级的学习氛围产生了负面影响。

2. 对教学内容不认同

随着信息时代的到来，学生接触到的信息日益丰富和多元，其中不乏一些对马克思主义理论持怀疑态度的观点。这使得部分学生对思想政治理论课的教学内容产生怀疑，从而影响了他们的学习态度和效果。

3. 易受不良环境影响

有些学生最初对思想政治理论课感兴趣，但随着时间的推移，他们可能会受到周围不良环境的影响，如课堂内外的消极氛围、同伴的消极态度等，从而逐渐失去对课程的兴趣和热情。

（二）教师层面的问题

1. 教学内容与形式的失衡

在思想政治理论课的创新过程中，一些教师过于追求教学形式的多样化和新颖性，而忽视了对教学内容的深入研究和优化。这导致了教学内容与形式之间失衡，影响了教学的实际效果。

2. 师生互动不足

尽管近年来思想政治教育开始注重师生互动，但在实际操作中，仍然存在教师"一言堂"的现象。缺乏有效的师生互动不仅影响了学生的参与度和积极性，也限制了教师对学生学习情况和反馈的及时了解。

3. "言传"与"身教"的不协调

在思想政治教育中，"言传"与"身教"是相辅相成的两个方面。然而，一些教师往往过于注重口头教育而忽视了自己的行为示范。这种不协调的教学方式削弱了教育的说服力和影响力。

4. 科研工作的忽视

部分思想政治教育工作者忽视了科研工作的重要性，认为教学工作本身就是贯彻国家意志的行为，无须过多研究。然而，缺乏科研支撑的教学往往难以达到较高的水平和质量，也难以说服和打动学生。因此，加强科研工作是提高思想政治教育质量的重要途径之一。

（三）思想政治理论课课堂教学方式存在的问题

1. 教学方法单一且缺乏创新

传统的思想政治理论课教学方法过于单一，往往依赖教师的口头讲授，形成“填鸭式”的教学模式。尽管现代教学中引入了多媒体课件等新技术，但很多情况下只是简单地将教材内容搬到课件上，未能充分利用技术的优势来全方位激发学生的学习兴趣。此外，实践教学环节被忽视，导致理论教育与实践脱节，缺乏说服力和实效性。

2. 教材内容缺乏时效性和个性化

思想政治理论课的教材内容需要紧跟时代步伐，反映社会发展的最新动态。然而，当前教材往往缺乏时效性，不能及时更新以适应社会变化。同时，教材普遍采用统一版本，忽视了学生的专业背景、知识基础和地域差异，导致教材内容与学生实际需求脱节。

3. 教学内容重复且陈旧

思想政治理论课的教学内容在很多情况下与中学阶段重复，学生感到内容缺乏新意，容易产生厌倦情绪。此外，随着社会的快速发展，一些新的原理和观点未能及时纳入教学内容，导致教学内容陈旧，无法满足学生的实际需求。新兴学科、交叉学科以及边缘学科的相关知识与思想政治教育理论联系紧密，但在当前的教学内容中却未得到充分利用。

4. 理论教学与实践教学未能有效结合

思想政治理论课的教学应包括理论教学和实践教学两个重要环节。然而，在实际教学中，理论教学与实践教学往往割裂开来，未能形成有效的互补和延伸。理论教学往往停留于课堂讲授，缺乏深入的社会实践环节；而实践教学则往往未能得到足够重视，缺乏有效的组织和管理。

这种理论与实践脱节的教学模式削弱了思想政治理论课的实效性和影响力。

第二节　新时期高校思想政治教育教学理念创新

思想政治教育理念不仅是指导教育活动的指导思想，更是引领教育内容、方法、体制等方面创新的关键所在。在当前新时代背景下，我国社会发展呈现出新的问题和挑战，这要求高校思想政治教育必须紧跟时代步伐，进行理念上的创新。理念创新是推动高校思想政治教育全面发展的强大动力，是实现教育内容、方法和体制全面革新的基础。因此，高校政治教育应积极探索新理念，以适应新时代的要求，引领思想政治教育走向更加科学、高效和富有成效的发展道路。

一、树立现代化教育理念

（一）教育方式信息化

在信息化浪潮的推动下，高校思想政治教育呈现出信息化趋势，这一趋势以其强大的活力和高渗透性，深刻影响着教育教学的各个方面。网络技术的广泛应用，既为思想政治教育开辟了新途径，也带来了新的挑战。在这个信息爆炸的时代，思想政治教育者需要认识到，知识获取的途径已不再单一，学生通过网络能够迅速接触到丰富多样的信息，甚至在某些领域，学生所掌握的知识可能超过教育者。

面对信息化时代的挑战，思想政治教育者必须积极适应变化，不断更新教育理念和方法。教育者需要重视自我更新，紧跟信息化时代的步伐，确保教育内容的时代性和前沿性，以满足学生日益增长的知识需求。同时，教育者的角色也需要从传统的知识灌输者转变为教育活动的组织者和指导者，引导学生自主学习、独立思考。

信息化技术为高校思想政治教育提供了多样化的教学方式和手段。

通过网络平台,学生可以随时随地验证课堂和书本上的知识,拓展学习领域。学生可以根据自身的兴趣和需求,自主选择学习内容,安排学习任务,实现个性化学习。网络还为学生提供了互助学习的环境,促进了学生之间的多向互动和高效交流。

随着网络信息技术的深入应用,高校思想政治教育正在实现由传统向现代的转变。教育者与学生之间的关系更加平等,课堂不再受物理空间的限制,只要有网络连接,就可以随时随地进行教育活动。在这种新环境下,学生的思维方式和学习习惯也在发生变化,他们更加注重自主学习和创新。通过信息化教育方式的实施,可以进一步提高思想政治教育的实效性和针对性,为学生的全面发展提供更加有力的支持。

(二)教育平台开放化

在全球化的开放环境下,我国思想政治教育者开始更加积极地与外国同行进行交流和合作,这不仅拓宽了他们的教育视野,也促使他们开始反思和转变传统的教育观念。

通过与国外学者的交流,我国思想政治教育者能够深入了解不同国家应对全球化的教育策略,这些宝贵的经验为他们认识和应对全球化挑战提供了新视角。更重要的是,他们可以根据我国的国情和教育实践,选择性地借鉴和吸收国外先进的教育方法,进一步丰富和完善我国的思想政治教育体系。

同时,开放的教育平台也为我国思想政治教育工作者提供了参与全球教育合作与交流的机会。通过参与国际会议、研讨会和合作项目,他们不仅能够学习借鉴国际先进的教育理念和方法,还能够在实践中不断积累经验和改进现有的教育手段。这种积极的参与和持续的改进,无疑将极大地提升我国高校思想政治教育的质量和效果。

(三)思维空间更宽广

全球化要求我们重新审视和解释一系列重要问题,如人与人、人与国家之间的新型关系,爱国主义与民族意识、国家意识的现代内涵等,这些议题正是思想政治教育应当深入研究和回应的热点和焦点。

全球化背景下思想政治教育的思维空间得到了极大的拓展。这随着全球化的深入,思想政治教育不再仅仅局限于传统的政治理念和道德规范,而是需要涵盖更广泛的知识领域。例如,经济全球化、知识经济和可持续发展等议题都成为思想政治教育的重要内容。这种知识领域的拓展,使得教育者在教学时需要更广阔的视野和更丰富的知识储备。

全球化不仅带来了新的知识领域,也要求对传统议题进行全新的解读。例如,如何在新时代背景下处理人与人或人与国家的关系,如何理解爱国主义,如何树立民族意识和国家意识等。这些都需要教育者以更宽广的思维空间来重新思考和阐述。

互联网技术的发展和信息技术全球化的到来极大地改变了人们的生活方式和沟通交流方式,这使得思想政治教育方式和手段也需要与时俱进,充分利用网络平台和信息技术来拓宽教学思维空间。例如,可以利用网络课程、在线教育等方式,打破时间和空间的限制,实现教育资源的共享和优化配置。

全球化不仅是一种经济和社会现象,也是一种观念和意识。在思想政治教育中,需要引入全球化的理念和意识,以更宽广的视野来看待和分析问题。这要求教育者具备全球化的思维方式,能够以全球视野来审视和解读思想政治教育的内容和目标。

从全球化视角分析和诠释思想政治教育的意义、目标和路径,我们不仅能够拓展思想政治教育的思维空间,还能促进其在全球化背景下的有效实施,培养出具有全球视野和创新能力的新时代人才。

(四)教育观念时代化

在全球化背景下,传统思想政治教育观念的革新与转变是教育全球化发展的必然要求。这一转变包含三重核心含义:

首先,要树立开放观念。高校应积极推动思想政治教育向更广阔的领域开放,向各个学科和领域敞开怀抱。这种开放不仅有助于我们引进国际先进的教育理念和经验,还能促进不同学科之间的交叉融合,为思想政治教育注入新的活力。

其次,要确立发展观念。高校必须认识到思想政治教育必须适应社会发展和人的发展的需要,不断推动教育观念、目标、内容、方式等方面的创新。这种发展包括两个层面:一是从传统思想政治教育向现代思想政治教育的转变,二是现代思想政治教育的不断完善与创新。通过不断改革和转变观念,我们可以更好地促进社会的发展和人的全面发展。

最后,树立"扬弃"观念。在全球化的背景下,不同文化和思想的碰撞、交流、选择和吸纳是不可避免的。我们不能一味地对抗外来意识形态,而应该正确看待外来文化,取其精华、去其糟粕。需要根据实际情况,明确哪些是需要发扬光大的,哪些是需要摒弃的。通过这种"扬弃"的过程,可以更好地推动思想政治教育的发展,提高教育的质量和效果。

二、树立以开放求发展理念

(一)树立动态开放的新观念以应对时代挑战

随着社会主义市场经济的发展,传统计划经济背景下的思想政治教育观念已难以适应新时代的要求。当前,高校思想政治教育工作普遍面临短期行为、孤立行为、务虚行为以及信念模糊等问题,这迫切需要我们创新思想观念,确立动态开放的新观念,以全球意识、服务意识、现代意识为核心,提升大学生思想政治教育工作的实效性。

1. 全球意识

全球意识强调个体对跨国和国际事务的深刻认识和情感投入,是现代人适应全球化趋势的重要素质。培养全球意识意味着大学生应具备开放的国际视野,能够平等、公正、宽容地对待不同文化和传统,积极参与国际交流,提升国际竞争力。为此,高校应着重培养大学生关注全球问题的精神,拓宽国际视野,提升宏观思维能力,并遵守国际通行规则。

2. 服务意识

服务意识强调高校应主动关心大学生的实际需求,通过提供实用信息、心理疏导和意见反馈等服务,切实解决大学生的实际问题。这要求高校在思想政治教育工作中,不仅要进行理论教育,更要注重实践教育,将教育与解决实际问题相结合,提升大学生的满意度。具体而言,高校应加强信息服务、心理疏导和意见反馈机制建设,确保大学生在成长成才过程中得到全方位的支持和帮助。

3. 现代意识

现代意识,作为时代进步与社会发展的思想体现,涵盖了效能意识、资源意识、环保意识、科技意识以及创新意识等多重维度。在新时代的宏大背景下,高校思想政治教育应当深刻强化这些现代意识,以科学发展观为坚实指引,始终秉持以人为本的核心理念,全面转变教育观念,将学生的主体地位置于教育工作的核心位置。高校需精心处理理论学习与社会实践之间的关系,让二者相辅相成、相互促进,进而有效促进学生的全面发展。高校需在环境与育人之间寻求和谐共生的平衡点,实现全员育人、全方位育人、全过程育人的宏伟目标。在这个过程中,高校应坚定不移地贯彻可持续发展思想,致力于建立健全大学生思想政治教育机制,努力创造一个和谐、健康、富有活力的校园环境,为培养新时代具有现代意识的高素质人才奠定坚实基础。

(二)树立与时俱进的新观念,以应对网络时代的挑战

1. 以人为本的观念

网络时代的大学生思想政治教育更加强调以人为本,这不仅是时代的要求,也是教育本身的目的所在。

(1)以人为本是时代的要求

经济市场化、文化多元化和政治民主化的发展,都呼唤着人的独立性和自主性的提升。市场经济体制推动了人的主体性的觉醒,文化多元化要求人们具备更强的文化选择能力,而政治民主化则赋予了人们更广泛的民主权利。这些都要求思想政治教育必须以人为本,尊重人的主体地位,促进人的全面发展。

(2)践行以人为本理念

大学生思想政治教育要以学生为中心,围绕学生的成长成才开展各

项工作。这要求在教育过程中充分尊重学生的主体地位,关注他们的思想动态和实际需求,引导他们树立正确的世界观、人生观和价值观。同时,还要不断创新教育方法和手段,以适应网络时代大学生的特点,提高思想政治教育的针对性和实效性。

具体来说,需要做到以下几点:一是深入了解大学生的思想状况和需求,将其作为教育内容和方法选择的依据;二是加强师生之间的互动交流,建立良好的师生关系,营造民主平等的教育氛围;三是注重培养学生的实践能力和创新精神,引导他们积极参与社会实践和志愿服务等活动,提升综合素质。

2. 民主平等的观念

网络技术的发展改变了传统的信息传播方式和人际交往模式,也为思想政治教育带来了新的机遇和挑战。在网络时代,大学生更加倾向于选择平等、开放的交流方式,对传统的单向灌输式教育产生了抵触情绪。因此,必须树立民主平等的观念,构建民主协商式、平等对话式的思想政治教育机制。这要求高校在教育过程中注重发挥学生的主体作用,鼓励他们积极参与讨论和交流,提出自己的观点和看法。同时,还要尊重学生的个性和差异,给予他们足够的自由空间和选择权利,让他们在平等、开放的环境中自由成长。

三、树立思想政治教育网络化理念

为了应对网络时代的新挑战,我们必须树立思想政治教育的网络化理念,积极探索新的教育方法和途径,主动占领网络教育阵地。

(一)网络在大学生思想政治教育中的关键作用

网络以其独特的优势,极大地丰富了思想政治教育的手段和形式,对大学生的思想政治教育产生了深远的影响。

1. 高效快捷的信息传递

网络技术的飞速发展极大地提升了思想政治教育信息的传递效率与速度。教育者能够迅速地将时下热点议题、具有导向性的观点发布至网络平台，与大学生进行实时互动，保证信息的及时传达与深入交流。借助网络平台的强大共享功能，教育者可以轻松地将与民族精神教育、道德教育等相关的电影、纪录片或短片资源分享给大学生，让他们在观赏的过程中受到熏陶和启发。这种方式不仅实现了信息的快速传播与广泛共享，还使得教育内容更加生动、形象，增强了教育的吸引力和感染力。通过在线消息平台，教育者可以随时随地向大学生传达学校或班级的纪律要求，确保教育的即时性和有效性。这种便捷的交流方式有助于增强大学生对学校的归属感和认同感，同时也有助于维护校园的和谐稳定。

2. 多样化的教育形式

网络为思想政治教育提供了多样化的形式。教育者可以利用视频、图文等多种形式来展示教育内容，使枯燥的理论知识变得生动有趣，从而吸引大学生的注意力，减少他们的抵触心理。这种多样化的教育形式有助于大学生更好地理解和内化教育内容。

3. 平等的双向互动

网络提供了一个虚拟的交流平台，使得教育者和大学生之间的交流更加平等、双向。在网络环境中，双方的身份界限变得模糊，大学生在接收信息时心态更加放松，与教育者的对话更加自然、平等。这种平等的双向互动有助于增强思想政治教育的针对性和实效性。

（二）强化网络化理念，深化网络思想政治教育

随着网络技术的迅猛发展，新兴网络形式不断涌现，为高校思想政治教育提供了新的平台和挑战。为了有效应对这一变化，我们需要树立

网络化的观念，深化网络思想政治教育，具体可从以下几个方面着手。

1. 积极利用新兴网络形式，拓展网络思政教育阵地

面对微信、微博等新兴网络平台的崛起，我们应主动拥抱这些变化，将思政教育阵地拓展至这些新兴平台。例如，建立官方的思想政治教育微信公众号，通过发布有深度、有温度的内容，吸引大学生的关注，与他们进行实时互动，及时了解他们的思想动态，传递正能量。

2. 创建积极向上的校园网络文化环境

良好的校园网络文化环境对于大学生的健康成长至关重要。我们应注重大学文化精神的传承，通过网络平台展示学校的标志性载体和校史，让学生在网络中也能感受到学校的文化底蕴和精神风貌。同时，组织丰富多彩的网上校园文化活动，如网络知识竞赛、网络道德辩论等，营造积极、健康、向上的网络文化氛围。

3. 加强大学生网络心理素养的培育

针对大学生在网络环境中可能出现的心理问题，如网络成瘾、网络依赖等，我们应加强网络心理健康教育。通过开设网络心理健康课程、开展网络心理咨询辅导等方式，帮助大学生树立正确的网络观念，增强自我保护意识和自我控制能力。同时，引导他们理性看待网络世界，避免沉迷其中，影响现实生活。

4. 引入优秀网络文化作品，丰富网络思政教育内容

优秀的网络文化作品能够传递正能量，引导大学生形成正确的价值观。我们应结合学校特色，积极挖掘和发挥优秀网络文化作品的潜力，将其引入网络思想政治教育环节。通过展示优秀的网络文学作品、学术论著、多媒体课件等，激发大学生的爱国热情和创新精神，培养他们的社会责任感和历史使命感。

四、树立全面发展的育人理念

（一）马克思关于人的全面发展理论的内涵

马克思主义为人的全面发展理论赋予了深刻的内涵，它涵盖了人的自然属性、社会属性和精神属性的全面提升。从人的本质出发，我们可以进一步理解这一理论的几个核心方面。

1. 人的需要的全面发展

人的需要是推动个体参与社会活动的内在动力。这些需要不仅限于基本的生存需求，如食物、衣物和住所，还包括更高层次的需求，如社交、认知、审美等。人的需要是不断发展变化的，从低层次向高层次、由简单向复杂逐步演进。这种发展是一个不断完善、由片面到全面的过程，体现了人类对更美好生活的追求和向往。

2. 人的能力的全面发展

人的能力包括生产能力、创造能力、社交能力、认知能力、审美能力等多个方面。马克思认为，人的能力是多元化的、可塑的且相互关联的。这些能力不仅可以通过学习、实践和经验积累得到发展和提高，而且彼此之间相互促进。同时，人的能力的发展受到社会环境的重要影响，如社会制度、经济制度和文化习惯等。在一个自由平等、公正合理的社会环境中，人们能够更充分地发挥自己的潜力，实现自我价值。

3. 人的社会关系的全面发展

马克思强调社会关系的全面发展对于实现人类社会的自由、平等和全面发展具有重要意义。他认为，经济、政治、文化等各个方面的社会关系应当协调发展，以适应生产力的发展需求。此外，社会关系的转变和改革应当旨在使个体能够自由地发展自己的能力和兴趣，摆脱对经济利益的单一追求。通过改变和优化社会关系,可以形成具有进步性和解放性的意识形态,促进文化的多样性和创新,从而为每个人的全面发展提供更好的社会环境和条件。

(二)“三全育人”理念

“三全育人”理念强调全体教职工以强烈的育人意识和责任感参与到育人工作中,将“人本”思想与育人工作紧密结合,以实现大学生的全面发展为目标。这一理念包括全员育人、全过程育人和全方位育人三个核心组成部分。

1. 全员育人

全员育人强调高校内所有与育人工作相关的教职工,包括教师、管理人员、服务人员等,都应承担起育人的责任。同时,也倡导家庭、社会等校外力量的参与,形成家、校、社、企联动的育人共同体。这种全员参与的模式有助于提高学生的综合素质,促进其全面发展。

2. 全过程育人

全过程育人要求将思想政治教育贯穿于大学生的整个学习与生活过程中,从入学到毕业,甚至延伸到毕业后。它强调育人的持续性和连贯性,不仅局限于课堂知识的传授,还要整合各方资源,对学生进行精细化的思想政治教育。通过这种方式,可以确保学生在各个阶段都能接受到全面、系统的教育。

3. 全方位育人

在科技发达、信息爆炸的时代背景下,全方位育人显得尤为重要。它要求高校善于利用各种空间和环境资源,对大学生进行全方位的思想教育。这不仅包括课堂教学,还涉及校园文化、网络环境等多个方面。通过全方位育人,可以帮助学生树立正确的价值观念,提高思想政治素养。

“三全育人”理念中的全员育人、全过程育人、全方位育人三者相互补充、相互促进,共同构成了一个“一体化”的育人体系。这一体系以满足学生全面发展的需求为目标,助力提升思想政治教育质量,推动大学生的思想进步和全面发展。“三全育人”也是贯彻落实高等教育内涵式发展的重要举措,通过整合高校发展、思想教育和道德教育,推动高等教育实现立德树人的根本任务。

(三)实现大学生全面发展的路径

当前,为了更好地推进思想政治教育的创新发展,要以人的全面发展这一创新理念为指导,紧密结合大学生的实际需求,不断优化教育内容和方式。在新的时代背景下,实现大学生的全面发展,需要我们从以下几个方面着手。

1. 坚持以人为本,关注大学生个体差异

每个大学生都有自己独特的性格、兴趣和需求,因此在思想政治教育中,高校要关注每个人的个体差异,尊重他们的意愿,帮助他们找到适合自己的发展道路。同时,要注重培养学生的自主性、创新性和批判性思维,使他们能够在不断探索中实现自我价值。

2. 丰富教育形式,提高教育实效

传统的思想政治教育往往过于注重理论传授,缺乏实践性。为了提高教育的实效,可以将课堂教学与实践活动相结合,让学生在实践中感受理论的魅力,从而提高他们的理论素养。此外,还可以利用网络、影视、文艺等多种形式,丰富教育手段,激发学生的学习兴趣。

3. 融合科学精神与人文精神,营造全面发展的良好氛围

科学精神和人文精神是相辅相成的,前者追求真理和实效,后者追求善良和美好。大学生思想政治教育应坚持两者的统一,一方面强调人文精神的重要性,帮助大学生应对心理问题,焕发内在动力;另一方面,加强科学精神教育,引导大学生学会学习、生活和创新。通过人文精神

和科学精神的融合教育,高校可以营造一个求真、向善、达美的良好氛围,促进大学生的全面发展。

4. 强化师资队伍建设,提高教育质量

教师是思想政治教育的主导者,他们的素质直接影响到教育的质量。因此,要加强师资队伍建设,提高教师的政治素养和教育教学能力。同时,要关注教师的职业发展,为他们提供更多的培训和交流机会,以提高教育教学水平。

5. 构建全面育人体系,促进学生全面发展

思想政治教育不仅仅是课堂上的任务,更是贯穿于整个教育过程的全方位教育。要构建全面育人体系,就要将思想政治教育与德育、智育、体育、美育等各个领域相结合,促进学生德智体美劳全面发展。此外,还要加强校园文化建设,营造有利于学生全面发展的良好氛围。

6. 深化校企合作,拓宽学生实践平台

校企合作是提高学生实践能力的重要途径。我们要深化与企业、社会的合作,为学生提供更多的实践机会,让他们在实践中锻炼自己,提高综合素质。同时,要注重发挥企业在人才培养中的作用,将企业的优势资源引入校园,为学生的成长提供更多支持。

推进高校思想政治教育的创新发展,需要紧密结合大学生的实际需求,以人的全面发展为指导,不断探索新的教育路径。只有这样,才能培养出一批具有较高政治素质、全面发展的优秀人才,为我国的发展贡献力量。

第三节　新时期高校思想政治教育教学方法创新

在新时代的大环境下，随着宏观与微观环境的深刻变革，大学生思想政治教育的对象呈现出了前所未有的新特点。尽管传统教育方法仍然保持着其核心价值与功能，但在实际应用过程中，这些方法也不可避免地遭遇了一系列新的挑战。因此，为了更有效地适应新时代的要求，大学生思想政治教育的方法亟须不断创新与发展，以确保教育的实效性和针对性。

一、教育教学方法创新的内涵

（一）方法创新的内涵

方法，作为连接主体与客体的桥梁，是人类在主观能动性的作用下，依据客观规律探索出的把握客体的手段、方式和途径的总和。与动物不同，人类以其智慧和创造力，不断革新方法、工具和技术，从而开拓新的活动领域，丰富生活方式，推动历史的车轮滚滚向前。

方法创新聚焦于人类的活动方式等领域，它不仅仅是对旧有方法的改革，更是全新方法的创造。这种创新为事物的发展带来了积极的、良性的变革。然而，在现实生活中，人们往往更多地关注物质层面的创新，而忽视了方法创新的重要性。正如荀子所言："君子生非异也，善假于物也。"这句话强调了方法或"外物"在实现目标中的关键作用，突出了方法创新的重要性。

从实践的角度来看，方法创新是人类主观能动性的充分发挥，它增强了方法的工具性作用，帮助我们突破自身局限，提高各项能力，并拓宽了人类认识世界的视野。因此，方法创新是推动社会进步和发展的重要力量。

（二）教学方法

教学方法在教学活动中起着至关重要的作用，它不仅是教师传授知识的工具，也是学生学习知识的桥梁。教学方法的选择和运用，直接关系到教学效果的好坏，因此，教师和学生都需要对教学方法有深入的理解和掌握。

从教师的角度来看，教学方法是他们实现教学目的、完成教学任务的重要手段。教师需要根据学科特点、学生实际以及教学环境等因素，灵活选择和应用各种教学方法。例如，对于理论性较强的内容，可以采用讲授法、讨论法等，以引导学生深入理解；对于实践性较强的内容，则可以采用实验法、项目法等，以培养学生的实践能力。

同时，教师的教学方法也需要与学生的学习方法相适应。学生的学习方法是在教师的引导下逐渐形成的，因此，教师需要关注学生的学习过程，了解他们的学习需求和困难，然后针对性地调整自己的教学方法。例如，对于学习困难的学生，教师可以采用启发式教学法，通过引导他们自主思考、发现问题、解决问题，激发他们的学习兴趣和积极性。

从学生的角度来看，学习方法是他们获取知识、提升能力的重要途径。学生需要根据自己的实际情况和学习目标，选择合适的学习方法。同时，学生也需要积极参与到教师的教学活动中来，与教师进行互动和交流，及时反馈自己的学习情况和问题。

教学方法的有机联系性体现在教师和学生之间的互动和配合上。在教学过程中，教师和学生需要协商、探讨教学方法的选择和运用，以达到最佳的教学效果。这种互动和配合不仅可以提升教学质量，还可以促进师生之间的情感交流。

二、高校思想政治教育方法的选择依据

在选择高校思想政治教育方法时，必须依据一系列关键因素，以确保教育方法的有效性和针对性，从而最大化地提升思想政治教育的效果。

（一）教育目标与任务

教育方法和手段的选择应紧密围绕教育目标和任务进行。教育目标是实现教育效果的指南针，教育方法则是实现目标的工具和桥梁。因此，选择教育方法时，必须确保它们能够有效服务于教育目标和任务，确保教育目的的实现。

（二）教育对象的具体特点

大学生的特点多样，包括他们的年龄、专业背景、兴趣爱好、个性差异以及思想道德水平等。在选择思想政治教育方法时，必须充分考虑这些特点，确保教育方法能够贴近学生的实际需求，易于被接受，从而提高教育效果。例如，针对不同年级、不同专业的学生群体，可能需要采用不同的教学方法和策略。

（三）教育面临的实际问题

思想政治教育方法的选择还需要考虑大学生面临的实际问题，如学业压力、就业焦虑、人际关系困扰等。教育者需要深入分析这些问题的性质、程度和影响因素，然后选择合适的教育方法，以有效地解决学生的实际问题，提高他们的思想认识。这种针对性的选择能够避免教育的盲目性，确保教育能够真正产生实效。

三、高校思想政治理论课教学方法创新发展的趋势

以党的二十大提出新的中心任务为标志，中国特色社会主义正式步入了全面建成社会主义现代化强国的新征程。这一伟大历程不仅彰显了中国特色社会主义的强大生命力，也为高校思想政治理论课教学提出了新的、更高的要求。当前，我国高校思想政治理论课教学方法不断创新，教学内容不断丰富，教学质量也得到了显著提升。然而，面对新征程的挑战，高校思想政治理论课教学还需要进一步发挥教学方法在提升教学质量中的重要作用，实现教学方法的创新性发展。

(一)更注重主体性和参与性

传统的以教师为中心的教学模式正在逐渐转变为学生主导、教师引导的教学模式。例如,通过问题导向学习、小组讨论、案例分析等方式,激发学生的学习兴趣和主动性,使他们能够更积极地参与到课堂学习中来。这种转变有助于培养学生的思维能力、创新能力和解决问题的能力,使他们更好地适应社会发展的需求。

(二)更注重多元化和个性化

随着信息技术的快速发展,高校思想政治理论课教学方法将更加注重利用现代科技手段,如在线课程、虚拟实验室、互动式学习平台等,为学生提供多样化的学习体验。同时,针对不同学生的特点和需求,教学方法也将更加个性化,以满足学生的差异化学习需求。

(三)更注重实践性和体验性

实践教学是提升思想政治理论课教学效果的重要手段。通过组织社会实践活动、志愿服务、实地考察等方式,让学生在亲身参与中感受思政教育的魅力,增强社会责任感。这种实践性的教学方式有助于将理论知识与实际相结合,提高学生的综合素质。

(四)更注重学术化和专业化发展

高校思想政治理论课教学方法研究是一个专门的研究领域,与教学内容研究相辅相成。这要求我们把教学方法的研究作为科学研究的选题,推动其向学术化、专业化的方向发展。通过培训、研讨会等方式,提升思想政治理论课教师的研究能力和素养,使他们能够运用科学的研究方法对思想政治理论课教学方法展开研究。同时,鼓励教师参与国家社会科学基金和教育部人文社会科学基金等项目的申报和研究,提升其在教学方法研究领域的学术影响力。在职称晋升、成果认定等方面,应充分考虑教学方法研究的重要性,给予相应的权重和认可。通过制定合理的考核评价标准,激励教师更加积极地投身于教学方法研究。鼓励教师将研究成果应用于实际教学中,通过实践创新来检验和完善教学方法理论。同时,积极推广优秀的教学方法案例和经验,促进教学方法的共享和交流。

四、高校思想政治教育方法的现代发展

(一)高校思想政治教育的新路径:由传统型向现代型转变

随着时代的进步和教育技术的发展,“传统型”的思想政治教育方法已逐渐不能满足当代大学生的需求。为了更有效地引导大学生形成正确的世界观、人生观和价值观,高校思想政治教育必须实现由“传统型”向“现代型”的转变。以下是一些值得采纳的现代型教育方法。

1. 电教化法

电教化法利用先进的电教设备,如电脑、音响、投影仪等,将思想政治教育内容以视听结合的方式呈现给学生。这种方法不仅增强了教育的吸引力和感染力,而且使教育内容更加丰富生动,易于学生接受和理解。高校应加大对电教设备的投入力度,提升电化教室的使用效率,使电教化成为思想政治教育的重要手段。

2. 网络化法

随着互联网的普及,网络化法已成为高校思想政治教育方法体系中不可或缺的一部分。通过网络平台,可以开展在线心理辅导、就业指导、思想教育等日常思想政治教育工作。这种方法打破了时间和空间的限制,使学生可以随时随地接受教育,提高了教育的便捷性和覆盖面。高校应建立和完善校园网络教育平台,丰富网络教育内容,提升网络教育的质量和效果。

3. 虚拟价值观训练法

虚拟价值观训练法利用虚拟技术和虚拟现实技术构建道德情境，让学生在模拟的环境中进行道德判断和选择。这种方法有助于培养学生的自律意识和道德判断能力，使他们在面对现实生活中的道德问题时能够做出正确的决策。高校应积极探索和应用虚拟价值观训练法，为学生提供更加生动、直观的道德教育体验。

4. 虚拟实践法

虚拟实践法利用网络技术让学生在虚拟空间中进行实践活动，如模拟实验、虚拟社交等。这种方法可以帮助学生拓展实践领域，提升实践能力，同时也有助于培养学生的创新精神和实践能力。高校应鼓励学生积极参与虚拟实践活动，为他们提供必要的指导和支持。

5. 文化熏陶法

文化熏陶法通过渗透在日常学习、生活中的文化元素来对学生进行潜移默化的教育。这种方法充分利用了环境、文化等因素对学生的影响，使学生在不知不觉中接受教育。高校应注重校园文化建设，营造良好的文化氛围，让学生在这种氛围中受到熏陶和感染。

（二）确立大学生在思想政治教育中的主体地位：由被动型向主动型转变

随着中国社会的开放与信息技术的迅猛发展，大学生的视野日益开阔，独立思考与自我判断能力显著提升，他们的自主意识、平等意识和参与意识也愈加强烈。因此，在大学生思想政治教育工作中，实现由被动型向主动型的转变，充分尊重和体现大学生的主体地位，显得尤为关键。要实现这一转变，我们需要从以下方面着手。

1. 确立学生的学习主体地位

在教育过程中，我们应树立以学生为本的理念，充分尊重每一位学生的个性和需求。这不仅意味着要给予他们足够的尊重和关怀，更要通过真诚的沟通，理解他们的想法和困惑，给予他们信心和鼓励。通过这样的人文关怀，我们可以提高思想政治教育的亲和力与说服力，最大限度地激发学生的主观能动性，使他们从被动接受教育转变为主动参与和自我教育。

2. 激发学生的教学参与意识

在思想政治教育过程中，教师应与学生建立平等互动的关系，鼓励学生积极参与课程讨论和相关活动。这意味着在课程讨论和组织生活会中，教师应鼓励学生表达自己的真实想法和感受，给予他们充分的话语权。同时，在各种实践活动中，教师应充分尊重学生的意见和建议，相信他们的能力和创造力，让他们成为活动的主体和推动者。此外，教师还应经常深入学生群体，了解他们的生活和学习情况，倾听他们的声音，与他们进行深入的思想交流，从而进一步激发他们的参与热情和积极性。

（三）个性化教育的推进：从一般化到精准化

1. 有效解决学生的实际问题

大学生在生活和学习中面临的实际问题多种多样，因此，个性化教育要求教育者深入了解每位学生的具体情况，并提供针对性的帮助。首先，高校应完善生活服务配套设施，如宿舍、图书馆、食堂等，以满足学生的基本需求，为他们提供舒适的学习和生活环境。其次，建立学习困难学生档案，通过专业教师和辅导员的及时干预，了解学生学习困难的根源，并采取有效措施帮助他们迎头赶上。此外，构建完善的困难学生资助体系，确保经济困难学生也能平等地接受教育，完成学业。

2. 关注并促进学生心理健康

心理健康是大学生全面发展的重要基石。当前,我国大学生的心理健康问题不容忽视。因此,在个性化教育中,关注学生的心理健康至关重要。教育者应将心理咨询方法引入思想政治教育,根据学生的个体差异和心理需求,提供个性化的心理咨询服务。这要求教育者不仅要借鉴国外的心理咨询理论和方法,还要结合我国的实际情况,创造出适合我国大学生的心理咨询方法。通过精准化的心理健康教育和咨询,帮助学生解决心理问题,提高他们的心理调适能力和发展水平,促进他们全面、健康地成长。

五、新时代高校思想政治教育方法的创新与应用

(一)深化主体间性理论,制定同构式教育策略

在新时代背景下,高校思想政治教育应深化主体间性理论,制定以"以人为本"为核心理念的同构式教育策略。这要求教育者将大学生的主体地位放在首位,通过映射理论分析教育者与受教育者的互动关系。在同构式教育中,需确保大学生思想政治教育目标与个体发展目标的一致性,并不断创新教育内容,保持其新颖性和吸引力。同时,应搭建跨文化平台,促进不同文化间的交流与融合,优化主客体互动模式,鼓励大学生积极参与学习过程,消除师生间的交流障碍。此外,利用新媒体和网络平台,提高师生信息素养,加强线上沟通与交流,拓展思想政治教育的渠道。

(二)引入社会服务思想,实施社会工作教育模式

借鉴社会工作模式,高校思想政治教育可以引入服务思想,强化育人作用。通过近距离、贴心的服务,增强大学生的服务意识。在教育实践中,结合大学生个体差异,实施个体服务,促进大学生个性发展。同时,运用小组工作方法,鼓励大学生通过团队合作解决问题,共同成长。

此外，借鉴社会工作的个案工作方法，针对大学生遇到的实际问题提供有效帮助，如考前压力缓解、人际交往指导等。将心理治疗模式引入思想政治教育，有助于解决大学生的心理问题，促进其全面健康发展。

（三）借鉴协同理论，采取协同式教育方法

协同理论为高校思想政治教育方法创新提供了有益借鉴。在大数据时代背景下，思想政治教育方法创新需要各要素间的协同与配合。因此，应推动思想政治教育与其他学科的融合，吸收其他学科有益的教育方法，打破传统方法的局限性。同时，构建立体化、全方位的教育体系，加强学校、家庭、社会教育的协同作用，形成教育合力。在学校教育中，应树立“大学工”理念，整合相关学科专家资源，共同推进思想政治教育的发展。通过协同式教育方法，实现教育资源的优化配置，提高思想政治教育的实效性。

第四节　新时期高校思想政治教育教学模式创新

一、高校思想政治理论课实践教学新模式

（一）专业实践教学

专业实践活动是高校思想政治理论课实践教学的重要环节，它有助于学生将所学理论知识应用于实际工作中，提升他们的专业素养和实践能力。专业实践活动主要包括大学生课程实践、实习实训和就业创业活动等。

大学生课程实践是结合具体课程，进行理论联系实际的学习活动。这种实践形式有助于学生在实践中深化对理论知识的理解，提升他们的实际操作能力。高校通常会建立与课程体系相适应的课程实践体系，并鼓励学生参与自主性实践活动，以培养他们的创新精神和实践能力。

实习实训是将学生直接安排到工作岗位上，让他们在实际工作中学

习和检验自己的实践能力。实习实训的形式多样,可以根据不同专业的需求进行灵活安排。通过实习实训,学生可以深入了解行业内的实际运作情况,提升自己的职业素养和实践能力。

就业创业活动则是高校为帮助学生做好职业生涯规划、树立正确的就业观和创业观而开展的一系列实践活动。这些活动包括就业政策宣传、毕业教育、就业指导、校园招聘和创业孵化等,旨在满足学生就业创业的多样化需求,促进他们顺利就业和成功创业。

在实施专业实践活动时,高校应注重活动的针对性和实效性,确保活动能够真正满足学生的实践需求。同时,高校还应加强专科实践教学的管理和评估,确保活动的质量和效果能够得到有效的保障和提升。

(二)社会实践活动

社会实践活动是高校实践育人的有效载体,为大学生提供了将理论知识应用于实践、深入社会、服务社会的宝贵机会。通过社会实践活动,大学生能够全方位地锻炼和提升自身的综合素质和能力,加速社会化进程。

在各类社会实践活动中,大学生不仅能够参与党的路线方针政策的宣传宣讲,传播正能量,还能够深入社会进行调研,了解社会热点,为解决实际问题提供科学依据。志愿服务活动则让大学生有机会为社会作出贡献,增强社会责任感。红色教育活动则通过实地参观、学习党的历史和革命文化,引导大学生树立科学信仰,坚定理想信念。挂职锻炼则提供了一个让大学生实际参与工作、履行职责的平台,增强他们的实践能力和社会责任感。这些社会实践活动不仅有助于大学生提升专业技能,更能够培养他们的团队协作能力、沟通能力和创新思维。通过这些活动,大学生能够更好地了解社会、认识国情,增强服务国家和人民的使命感和责任感。

高校在组织社会实践活动时,应充分考虑学生的特点和需求,提供多样化的实践机会和平台。同时,还应加强实践育人的管理和评估,确保活动的质量和效果。通过社会实践活动与专业实践活动的有机结合,可以共同推动高校实践育人的深入发展。

（三）文体实践活动

文体实践活动在高校育人体系中占据着举足轻重的位置，它不仅是校园文化建设的重要组成部分，更是促进大学生全面发展的有效途径。通过丰富多彩的文体活动，大学生能够提升综合素质，增强团队协作能力，培养创新精神和实践能力。

学术科技活动作为文体实践活动的重要一环，为大学生提供了展示才华、锻炼能力的平台。通过参与科研项目、学术竞赛等活动，大学生能够深入了解学科前沿，拓宽知识视野，提升创新思维和实践能力。同时，这些活动也有助于培养大学生的科研精神和学术道德，为他们未来的学术研究和职业发展奠定坚实基础。

文化艺术活动则以其独特的魅力吸引着大学生的积极参与。通过音乐、舞蹈、诗词、书法、绘画、摄影等形式的展示和竞赛，大学生能够展示自己的才艺和创意，提升审美能力和文化素养。这些活动不仅丰富了校园文化生活，也为大学生提供了交流学习、增进友谊的机会。

体育活动在培养大学生健康体魄和团队精神方面发挥着重要作用。通过参与广播体操、健身跑、运动会等体育活动，大学生能够增强身体素质，提升运动技能，培养坚韧不拔的意志品质和团结协作的精神。这些活动也有助于缓解学习压力，促进身心健康。

大学生社团作为校园文化的重要载体，为大学生提供了自主管理、自我教育的平台。通过参与社团活动，大学生能够拓展兴趣爱好，丰富课余生活，提升综合素质。同时，社团活动也有助于培养大学生的团队协作能力和创新精神，为他们未来的社会生活和职业发展做好准备。通过这种方式，学生不仅能够学习理论知识，还能够在各方面实践中深化理解和体验，促进其全面发展。

（四）网络实践教学

网络实践教学在当今信息化社会中显得尤为重要，它不仅是高校实践教学的新途径，也是培养大学生适应信息时代需求、提升网络素养的关键环节。通过参与网络实践活动，大学生能够深入了解网络文化，掌握网络技能，增强网络安全意识，为未来的职业生涯和社会生活打下坚实基础。

网络课程作为网络实践活动的重要组成部分，为大学生提供了灵活多样的学习方式。大学生可以根据自身兴趣和需求，选择适合自己的网络课程进行学习。然而，由于网络课程质量参差不齐，大学生在选择时需要具备一定的甄别能力，以确保学习的有效性和价值性。当然，高校必须加强对网络课程的监管和指导，确保课程内容的质量和教学效果。

大学生网络技能竞赛是提升大学生网络素养和实践能力的有效途径，通过参与竞赛，大学生可以展示自己的网络技能和创新成果，与其他选手交流学习，提升自己的专业水平和综合素质。竞赛的形式也有助于激发大学生的创新精神和团队协作能力，为他们未来的职业发展和社会创新打下基础。

网络安全教育则是高校实践教学的重要内容之一。随着互联网的普及和发展，网络安全问题日益凸显。高校通过开展网络安全教育活动，可以帮助大学生了解网络安全的重要性和风险点，掌握防范网络攻击和不良信息的方法，增强网络安全意识和应对能力。这对于保护大学生个人信息安全、维护校园网络安全具有重要意义。

当前，高校应该积极探索网络实践教学模式，并确保它成为日常实践教学的重要组成部分，为学生的全面发展和健康成长提供支持。通过这种创新的教学方式，可以有效地结合网络资源和现代技术，为学生提供一个更加灵活和丰富的学习环境。

二、构建线上线下混合式教学模式

（一）线上线下混合式教学模式的应用意义

1. 激发学生的学习动力与主动性

线上线下混合式教学模式在思想政治理论课的运用中，打破了传统“灌输式”教学的局限，通过引入新颖的教学方法和理念，极大地激发了学生的学习动力与主动性。该模式以学生为中心，充分利用了音频、视频、图文、案例等多媒体形式，使抽象的理论知识更加生动易懂，提高了学生的理解和应用能力，从而使学生更加主动地参与到思想政治理论学习中来。

2. 促进师生间的有效沟通

线上线下混合式教学模式创新了师生之间的沟通方式，提高了沟通的频率和效率。在线平台上的互动交流，使得学生能够及时反馈学习中遇到的问题，而教师也能及时给予解答和指导，从而建立了更加和谐融洽的师生关系。这种有效的沟通机制为思想政治理论课的深入开展奠定了坚实的基础。

3. 优化教学效果的评估与反馈

相较于传统教学模式下单一的考核方式，线上线下混合式教学模式在评估学生学习效果上实现了创新。通过线上学习过程的实时跟踪和评价，结合线下的期中、期末考试，形成了全过程的评估体系。这种综合评估方式能够更真实、更全面地反映学生的学习情况，为教师提供了更准确的反馈，有助于进一步优化教学内容和方法，提升思想政治理论课的教学效果。

（二）线上线下混合式教学模式的应用现状

1. 线上教学基础设施的不足

线上教学资源在混合式教学模式的创新应用中扮演着举足轻重的角色。为了有效实施线上教学，高校网络平台、校内网等线上教学基础设施的建设显得尤为重要。尽管众多高校已经投入大量资金用于线上基础设施的建设，并且将重点放在硬件设施和网络平台的搭建上，但在思想政治教学资源的获取与网络平台的持续优化方面，仍然存在一些亟待解决的问题。一些学校缺乏足够的硬件设备如电脑、平板电脑、交互式白板等来支持线上教学活动。即使有设备，也可能因为设备陈旧、性能不足，无法满足现代线上教学的需求。有些地区学校网络设施不完善,导致网络延迟、断线等问题频发,不仅影响了教学的连贯性,也降低了学生的学习体验,一些平台可能在视频直播、互动讨论、作业提交与批改等方面存在限制,制约了线上线下混合式教学的深度和广度。

2. 教师技术操作能力有待提升

混合式教学模式的有效实施依赖于教师对线上教学设备的熟练操作。线上教学要求教师能够获取、筛选、传输网络教学资源,以及制作课件。然而,目前高校思想政治理论课教师队伍在现代化教学设施的应用技能方面存在不足,这限制了他们有效利用网络资源,影响了线上教学内容与教材的有效结合,从而影响了教学效果。

3. 线上教学过程监管的缺失

在混合式教学模式中,教师需要通过网络平台发布学习内容和任务,学生则在线完成学习。师生之间的交流多通过网络平台进行。尽管教师可以通过平台记录来监督学生的学习情况,但缺乏有效的在线过程监管,使得教师难以确保学生是否认真学习,是否存在抄袭行为,以及作业是否独立完成等。这种监管的缺失可能导致学生线上学习的真实性和有效性受到影响。

(三)线上线下混合式教学模式的应用策略

1. 强化线上教学基础设施建设

为了保障线上线下混合式教学模式在思想政治理论课中的有效实施,高校应持续投入资源,优化线上教学基础设施。这包括升级校园网络覆盖,确保学生在线学习过程中的网络稳定性和流畅性;更新和维护校内网、网络教学平台,提供丰富多样的线上教学资源和互动工具。

2. 提升教师线上教学技术能力

高校应重视提升思政教师线上教学的能力。通过定期组织培训和工作坊，帮助教师掌握现代信息科技教学设施的使用技巧，提升他们在线上教学过程中的设计、实施和管理能力。这将有助于教师更好地运用线上线下混合式教学模式，提高教学效果。

3. 加强线上教学过程的监管

针对线上学习过程中存在的自主性挑战和监管难题，高校应建立有效的线上教学过程监管机制。这可以包括设定明确的学习要求和评价标准，利用学习管理系统追踪学生的学习进度和成果，引入智能监控工具防止抄袭行为，以及加强师生间的线上互动和反馈。通过这些措施，教师可以更加准确地了解学生的学习情况，确保线上教学的质量和效果。

三、“三位一体”思政教学新模式

“三位一体”教学模式的核心在于结合研究、互动和实践三个维度，鼓励学生通过积极探索、交流讨论和亲身体验来深入理解历史事实和理论概念。“一体”则意味着将这三个要素贯穿于整个教学过程，包括传统的课堂讲授、网络教学和实践活动，形成一个有机结合、相互促进的教学体系。下面以“中国近现代史纲要”(以下简称“纲要”)为例分析“三位一体”的教学模式。

(一)优化第一课堂教学策略

1. 整合专题教学内容

为了提升“纲要”课的教学效果，教师需要采用专题教学的方法，对教学内容进行整合和优化。首先，依据教育部高等学校思想政治理论课教学指导委员会编写的《“中国近现代史纲要”专题教学指南》，结合学生思想实际与专业特点，科学确定专题教学内容。通过深入研究，确保专题内容既系统全面，又富有针对性和时效性。

2. 集体备课与深入研究

实施“分段主攻”策略，鼓励教师结合自身研究专长选择相关教学专题。通过集体备课，集思广益，对专题内容进行深度挖掘和反复研磨。同时，积极利用调研、座谈等方法，收集专家、同行、大学生的建议和见解，不断完善专题教学教案，确保教学内容的逻辑清晰、论证有力、重点突出。

3. 丰富教学形式，促进师生互动

在第一课堂教学中，引入课堂研讨等多样化教学法。基于建构主义学习理论，设计与学生息息相关、能够激发其探索欲的研讨问题。通过引导学生自主发现问题、合作探究、分析解决问题，培养他们的创新能力和团队协作精神。同时，精心组织课堂研讨，确保每个环节都经过合理布置与策划，实现师生研究与互动的一体化。

（二）拓展第二课堂教学空间

1. 构建思想政治理论课网络教学平台

为了延伸课堂教学空间，构建功能丰富的网络教学平台。平台应包含教学资源版块、师生网络交互版块、课外实践展示版块、校史校情特色版块等。提供经典文献、研讨选题、教师授课视频等丰富资源，为学生预习、研讨准备、合作探究、课后复习提供便捷途径。同时，通过网络交互环境，促进学生间的交流与合作。

2. 运用新媒体加强线上互动

充分利用新媒体的互动性、即时性等特点，建立“纲要”课专属的博

客、微信群、QQ 群等线上交流平台。通过这些平台,实现师生、生生之间的即时互动,作为课堂研讨的有效补充。同时,鼓励学生利用新媒体工具分享学习心得、展示实践成果,丰富他们的学习体验。

3. 开设配套选修课,丰富课程内容

为了深化学生对"纲要"课教学内容的理解,可以开设配套选修课,如红色经典影视赏析、中国近代史人物研究专题等。这些课程不仅可以对主课内容进行有益补充,还能拓宽学生的视野,激发他们的学习兴趣。

第四章　新时期高校思想政治教育的主渠道建设

第一节　思想政治理论课是思想政治教育的主渠道

一、高校思想政治理论课的内涵和特点

(一)高校思想政治理论课的内涵

高校思想政治理论课程是一套为大学生设计的综合性教育体系,旨在深化学生对马克思主义理论的理解和思想政治教育的认识。通过这些课程,不仅能够提升学生的思想政治理论素养,也有助于提升整个民族的思想政治素质。

课程本身服务于教学,强调教育与教学的结合,重点在于“教”。这涉及四个关键要素:教学内容、受教育者、教育者和教学方法。这些要素相互关联,相互影响,其有效实施依赖于健全和规范的教学体系。概括来说,高校思想政治理论课程包含以下几个核心方面:

第一,学科课程属性。从课程分类的角度来看,高校思想政治理论课程是建立在学科知识或理论基础之上的。它侧重于系统性的知识学习,帮助学生全面认识客观世界。课程内容包括“马克思主义基本原理概论”“毛泽东思想和中国特色社会主义理论体系概论”“中国近现代史纲要”和“思想道德修养与法律基础”“形势与政策”等五门课程,它

们构成了一个相互联系、整体性的课程体系。

第二,思想政治理论课是一门以学生为中心的课程。思想政治理论课以学生为中心,关注学生的身心发展需要,旨在促进学生的全面发展。通过思想政治理论课程的学习,学生可以提升思想政治素质,树立正确的政治方向,培养坚定的理想信念和良好的道德品质。同时,学生中心课程的特点在于注重学生的个体差异和兴趣需求,通过多样化的教学方法和手段,激发学生的学习兴趣和积极性,培养学生的创新能力和实践能力。

第三,公共必修课地位。在我国的课程体系中,高校思想政治理论课程是大学生必须修读的课程。这些课程由国家统一制定,因此具有国家课程的性质。

(二)高校思想政治理论课的特点

1. 政治性

高校思想政治理论课的根本任务之一是培育大学生具备坚定的政治立场、清晰的政治认知和崇高的政治信仰。通过系统传授马克思主义理论、爱国主义精神和理想信念,该课程致力于向大学生灌输正确的政治文化,提升他们的政治敏感度和判断力,激发他们参与政治生活的热情,从而塑造出政治素质过硬的新时代好青年。

2. 思想性

高校思想政治理论课不仅传授理论知识,更注重培养大学生的思维能力。通过辩证唯物主义和历史唯物主义教育,帮助学生构建科学的世界观和方法论,提升他们分析解决实际问题的能力。同时,该课程还注重社会主义核心价值观的培育,引导学生树立正确的世界观、人生观和价值观,塑造高尚的道德情操。

3. 德育性

思想政治理论课致力于提升大学生的思想道德素质，帮助他们抵制享乐主义、拜金主义等不良思想的侵蚀。高校应充分发挥该课程的德育功能，将其融入日常教育之中。

4. 科学性

高校思想政治理论课以马克思主义基本原理为核心，构建了一个全面、综合、开放的科学体系。它涵盖了哲学、政治经济学和科学社会主义等多个领域，科学阐述了人类社会的发展规律。通过理论与实践的紧密结合，该课程揭示了自然界、人类社会和思维发展的内在规律。

5. 时代性

与其他教育体系相比，高校思想政治理论课具有鲜明的时代性。它紧跟时代步伐，引导学生关注社会热点和政治动态，将理论与实践紧密结合。通过丰富多样的政治活动和实践机会，该课程有效促进了思想政治教育工作的顺利开展，推动了大学生的全面发展，为中国特色社会主义事业输送了优秀人才。

6. 实践性

思想政治理论课的教学内容紧密联系学生的生活实际，引导学生关注现实问题，增强理论的实际应用。通过讨论社会热点、难点问题，让学生将理论知识与现实世界相联系，提高他们的社会责任感和解决问题的能力。思想政治理论课鼓励学生积极参与社会实践活动，如志愿服务、社会调查、实地考察等。这些活动能让学生亲身体验社会实践，深化对理论知识的理解，并培养他们的实际操作能力和团队协作精神。通过引入典型案例，让学生在分析、讨论中理解和应用思想政治理论。案例分析能帮助学生将抽象的理论知识与具体情境相结合，提高他们的思维能力和解决问题的能力。通过角色扮演、模拟演练等活动，让学生在模拟的情境中运用思想政治理论。这种方法能增强学生的参与感和体验感，使他们在实践中加深对理论知识的理解。在实践活动中，教师引导学生对实践过程进行反思和总结，将实践经验上升为理论知识。这不仅能巩固学生的理论学习成果，还能培养他们的批判性思维和创新能力。

7. 针对性

立德树人是高等教育的核心使命，高校思想政治理论课作为实现这一使命的关键环节，对学生的健康成长起着至关重要的作用。鉴于大学生相对缺乏社会经验，思想单纯，思想政治理论课的教育目标显得尤为明确和必要。

当前，高校思想政治理论课在强化马克思主义理论教育的同时，也致力于学科建设的完善，构建一个综合、全面的教育体系。各高校应深入钻研中国思想理论的精髓，特别是习近平总书记的重要讲话精神，将社会主义核心价值观融入立德树人的全过程。通过系统学习，让学生深刻领会并铭记这些思想理论的核心要义。

此外，高校还应鼓励学生结合具体实践活动，不断总结提炼经验，提升对综合性、全局性问题的分析能力。这一过程不仅有助于深化理论理解，还能促进学生形成具有中国特色的学术视野和评价标准，为培养新时代全面发展的社会主义建设者和接班人奠定坚实基础。

8. 发展性

思想政治理论课的发展性特点体现在其与时俱进、不断适应时代变化和社会需求的能力上。

一方面，它明确教学目标和内容，紧密结合现实生活的需要和大学生的思想动态，不断调整和优化教学内容，确保课程内容与时代发展同步。通过紧密结合社会主义现代化建设和改革开放的实践活动，课程能够生动、直观地解答学生关心的理论和实践问题，从而增强课程的吸引力和说服力。

另一方面，思想政治理论课的课程设置也展现出科学性和规范性。它遵循教育规律，根据学生的思想、心理和生理发展特点，科学合理地安排教学内容和方法。随着社会的不断发展,课程也会根据新的历史条件和社会需求进行相应的调整和完善,确保课程内容的前沿性和时代性。

自中华人民共和国成立以来,高校思想政治理论课经历了多次重大变革,这些变革不仅反映了社会历史的变迁,也展现了课程自身的发展性特点。课程不断吸收新的理论成果和实践经验,不断完善教学内容和方法,以适应不断变化的社会环境和时代要求。这种发展性特点使得思想政治理论课始终能够保持活力和生命力,为培养具有正确世界观、人生观和价值观的社会主义建设者和接班人发挥重要作用。

二、高校思想政治理论课的地位和功能

(一)高校思想政治理论课的地位

1. 思政理论课在思想政治教育中的地位

第一,理论课教学是集中体现思想政治教育方向的方式。通过系统地进行马克思主义基本理论教育和思想品德教育,高校能够确保教育始终沿着正确的政治方向前进。首先,理论课教学承载着对大学生的德育任务。在课堂上,大学生不仅接受知识的灌输,更重要的是接受思想的熏陶和品德的塑造。通过深入学习马克思主义基本理论,大学生能够树立正确的世界观、人生观和价值观,坚定理想信念,为未来的成长和发展奠定坚实的基础。其次,高校思想政治理论课教育的内容是国家教育主管机关统一制定的,这确保了教育的规范性和一致性。这种统一的内容安排,有助于在全国范围内形成对社会主义教育教学方向的共同认识和行动,从而强化思想政治教育的效果。课堂教学是学校实施素质教育的基本途径。在课堂上,大学生能够系统地学习马克思主义、毛泽东思想、邓小平理论、"三个代表"重要思想、科学发展观、习近平新时代中国特色社会主义思想等基本理论和基础知识,同时接受正确的社会主义道德原则体系教育。这种全面的教育有助于大学生在德、智、体等多方面得到均衡发展,成长为符合社会主义事业需要的合格建设者和接班人。

第二,理论课教学的重要性源自教育规律的深刻影响。课堂教学作为一种特定的教育方式,在有限的课堂时间里运用丰富多彩的教学手段和方法,有针对性地对学生施加影响,其效果直接关系到思想政治教育的成效。首先,课堂教学在思想政治教育中扮演着至关重要的主导角色。在课堂上,教师不仅是知识的传播者,更是思想的启迪者。他们凭借个人的独特魅力和深厚的学识,激发学生对知识的热爱和追求,帮助他们形成积极的自我认知,形成对自我成长的积极期待。这种自我效能感和积极的结果期待能够激发学生的自我教育意识,驱使他们主动寻求更广泛的学习资源,接触更多优秀的榜样人物,从而实现自我思想境界的显著提升。其次,学生的主动性是思想政治教育工作的核心要素。在课堂教学的互动过程中,学生与教师之间的交流是自由而平等的,这种互动性使得课堂教学成为思想政治教育中最具活力和影响力的途径之一。在这种互动中,学生能够充分发挥自己的主观能动性,积极思考问题、提出疑问、参与讨论,从而更深入地理解和接受教师所传授的思想观念。这种主动的参与和深入的思考,有助于培养学生的批判性思维和创新精神,提升他们的思想道德素质。此外,思想政治理论课课堂教学还具有系统性和连贯性的优势。通过系统的课程设置和连贯的教学内容,教师可以有计划、有步骤地引导学生逐步深入理解和掌握马克思主义基本理论和社会主义核心价值观。这种系统性的教育有助于学生在思想上形成完整的、连贯的认知体系,为他们的全面发展奠定坚实的基础。

2. 高校思想政治理论课是坚守社会主义办学方向的坚固堡垒

高校思想政治理论课不仅是高等教育体系中的核心课程,更是坚守社会主义办学方向的重要阵地。它承载着培育社会主义建设者和接班人的重大使命,对于巩固马克思主义在意识形态领域的指导地位、增强中国特色社会主义的“四个自信”具有不可替代的作用。

(1)全面贯彻党的指导思想和教育方针

高校思想政治理论课的演进与发展,始终紧密跟随党的指导思想和教育方针。从中华人民共和国成立初期至今,随着时代的发展和社会的变迁,党的教育方针也在不断地丰富和完善。从强调德智体全面发展,到提出“三个面向”和“四有”新人,再到“立德树人”的根本任务,这些方针都体现了党对教育工作的全面规划和指导。高校思想政治理论课作为贯彻党的教育方针的重要载体，通过系统的理论教学和实践教育，引导大学生树立正确的世界观、人生观和价值观，成为有理想、有道德、有文化、有纪律的社会主义建设者和接班人。

（2）巩固马克思主义在意识形态领域的指导地位

在当前复杂多变的国际形势下，高校思想政治理论课承担着巩固马克思主义在意识形态领域指导地位的重要职责。通过深入阐释马克思主义的基本原理和时代价值，批判错误思潮，引导大学生正确认识和看待国内外形势，增强政治鉴别力和敏锐性。同时，通过加强中国特色社会主义理论体系的教育，帮助学生深刻理解中国特色社会主义的历史必然性和实践意义，坚定走中国特色社会主义道路的信心和决心。

（3）增强中国特色社会主义的“四个自信”

“四个自信”是新时代中国特色社会主义的重要理论创新，也是高校思想政治理论课的重要内容。通过系统的教学安排和丰富的教学实践，高校思想政治理论课致力于帮助学生增强对中国特色社会主义道路、理论、制度、文化的自信。这包括对中国共产党领导的自信、对马克思主义指导地位的自信、对中国特色社会主义制度优势的自信以及对中华优秀传统文化的自信。通过这些教育引导，使学生更加坚定地走中国特色社会主义道路，为实现中华民族伟大复兴的中国梦贡献力量。

3. 高校思想政治理论课是落实立德树人的主渠道

立德树人是高等教育的根本任务，它关乎党和国家事业的长远发展。高校作为高素质人才培养的摇篮，必须全面贯彻落实党的教育方针，将立德树人作为教育的核心任务。在这一过程中，高校思想政治理论课发挥着举足轻重的作用，成为落实立德树人根本任务的主渠道。

第一，高校思想政治理论课通过全面系统的理论教学，引导学生深入理解社会主义核心价值观，坚定理想信念，树立正确的世界观、人生观和价值观。课程注重将理论知识与社会实践相结合，让学生在实践中感悟和践行社会主义核心价值观，从而培养出具有高度社会责任感和使命感的新时代青年。

第二，高校思想政治理论课致力于促进学生全面发展。课程关注学生的智育、体育、美育等方面的发展，引导学生注重全面发展与个性发展的统一，努力培养学生的创新精神和实践能力。通过多元化的教学方式和手段，激发学生的学习兴趣和潜能，使他们在德、智、体、美等方面都得到充分的发展。

第三，高校思想政治理论课还注重培育学生健全的人格。课程关注学生的内心世界，通过人文关怀和心理疏导等方式，帮助学生塑造积极向上的品格和心态。通过加强对学生特殊群体的关怀和帮助，建立良好的师生关系和同学关系，为学生健全人格的培养提供有力支持。

第四，高校思想政治理论课秉持人人成才的理念。课程尊重每个学生的个性和差异，注重因材施教和个性化培养，努力让每个学生都能成为有用之才。通过提供多样化的教育资源和机会，满足不同学生的需求和期望，促进每个学生的全面发展。

第五，高校思想政治理论课需要加强对立德树人与德育、素质教育关系的研究。通过深入探讨立德树人的内涵和要求，明确其在德育和素质教育中的地位和作用，为立德树人的有效实施提供理论支撑和实践指导。

（二）高校思想政治理论课的功能

1. 导向功能

思想政治理论课的核心功能是为学生提供明确的价值导向和人生方向。这一功能彰显了思想政治教育的独特性和前瞻性，无法通过其他课程替代实现。该课程主要在三个层面发挥导向作用：首先是理想信念层面，通过传授马克思主义理论，帮助学生树立崇高的理想和信仰；其次是政治导向层面，通过宣讲党的方针政策，引导学生了解国家大政方针，明确政治方向；最后是行为规范的指导，通过社会主义道德和法纪教育，规范学生的日常行为。这三个层面相互关联、相互支撑，共同为学生提供了全面的思想政治教育引导。

2. 开发功能

思想政治理论课还致力于激发学生的内在潜能，调动其主观能动性。人具有认识和改造世界的主动性，而思想政治课正是通过尊重学生兴趣、运用多元化教学手段来充分发掘和培养学生的潜能。在这一过程中，既重视学生的感官优势和个人兴趣，也注重通过多种教学活动来调动学生的积极性，促进其智力和能力的综合发展。更进一步的是，思想政治课还致力于培养学生的创新精神和创造能力，这是开发学生潜能的最高目标。

3. 调节功能

对于生活在象牙塔中的大学生来说，思想政治理论课在调节学习、生活和心理方面发挥着重要作用。课程内容能够陶冶学生的情操，丰富他们的精神世界。同时，针对学生在情感、学业、日常生活和人际交往中遇到的困惑和问题，该课程能够提供有效的心理疏导和帮助，有助于学生形成积极的人生态度和健全的人格。

4. 育人功能

与其他学科相同，思想政治理论课也承担着育人的重任。思想政治理论课是传播社会主义核心价值观、马克思主义理论、中国特色社会主义理论等主流意识形态的重要渠道。通过这些课程，学生能够系统地学习党的路线、方针、政策，明确国家的核心价值观，形成正确的世界观、人生观和价值观。通过讲解社会公德、职业道德、家庭美德等内容，引导学生树立良好的道德风尚，形成健全的人格，成为有道德、有品质、有责任感的公民。通过学习法律知识，了解国家法律体系，学生能够增强法治意识，自觉遵守国家法律法规，维护社会秩序。思想政治理论课通常包括中国历史、近现代史等内容，通过学习，学生可以更深入地了解国家的历史发展进程和基本国情，增强民族自豪感和国家认同感。思政课鼓励学生进行独立思考，通过对社会现象、历史事件等进行深入分析，培养学生的批判性思维和独立思考能力。通过思政课的学习，学生应当更加明确作为社会成员的责任和义务，积极投身社会实践。因此，高校通过思想政治教育，不仅能丰富学生的知识储备，提升他们的思想品质，更致力于推动学生的全面发展，为国家培养优秀的建设人才。

第二节　新时期思想政治理论课的教学改革与创新

一、新时代思想政治理论课教学改革现状

教学改革是一个多维度的系统工程，涵盖了教学理念、教学内容、教学组织形式、教学方法等多个方面。然而，当前高校在推进思想政治理论课教学改革的过程中，普遍存在着重视教学组织形式改革，而对教学内容等研究不够深入的问题。这种现象不仅制约了教学改革的深度和广度，也影响了思想政治理论课教学的质量和效果。

（一）重视教学组织形式的改革，对教学内容等的研究不够

当前，高校思想政治理论课教学改革中普遍存在着一种倾向，即过度重视教学组织形式的改革，而相对忽视了对教学内容等核心要素的深入研究。这种倾向虽然在一定程度上提升了教学的灵活性和多样性，但也可能导致教学内容与形式的脱节，进而影响思想政治理论课教学的整体效果。

首先，教学组织形式的创新无疑为思想政治理论课教学带来了活力和可能性。通过采用混合式教学、智慧课堂教学等新型组织形式，教师可以更加灵活地组织教学活动，提高学生的学习兴趣和参与度。然而，这些改革往往只停留在表面，没有深入教学内容和教学方法的实质层面。这导致教学组织形式与教学内容之间缺乏有机的联系，难以形成有效的教学合力。

其次，对教学内容的研究不足会直接影响思想政治理论课的教学质量。思想政治理论课教学内容具有鲜明的政治性、科学性和系统性，它不仅是传授知识的载体，更是引导学生形成正确世界观、人生观和价值观的重要途径。然而，随着时代的进步和社会的发展，新的理论观点、社会热点和现实问题不断涌现，然而部分高校的思想政治理论课教学内容未能及时跟进，仍停留在传统的理论框架和陈旧的知识体系上，导致

教学内容与学生的实际生活和思想需求脱节，难以引起学生的共鸣和兴趣。思想政治理论课作为对学生进行思想政治教育的主渠道，应当紧密关注现实问题，深入分析社会现象，引导学生形成正确的世界观、人生观和价值观。然而，一些高校的思想政治理论课教学内容往往回避或简化对现实问题的探讨，缺乏对复杂社会现象的深入剖析，导致学生难以将所学知识与实际生活相联系，难以形成深刻的认识和理解。一些思想政治理论课教师缺乏对教学内容的深入研究和理解，只是机械地按照教材或大纲进行讲授，无法将理论与实际相结合，也无法将最新的研究成果和观点引入教学中。这种缺乏研究的态度和方法不仅影响了教学质量，也制约了思想政治理论课教学改革的深入推进。

最后，对教学理念的研究不足也是当前思想政治理论课教学改革中存在的一个问题。教学理念是指导教学实践的灵魂，它决定了教学的方向和目标。然而，一些教师在教学改革中往往只关注教学组织形式和教学手段的变革，而忽视了教学理念的更新和转变。这导致教学实践缺乏明确的理论指导，难以形成科学、系统的教学体系。

高校思想政治理论课教学改革在重视教学组织形式创新的同时，不能忽视对教学内容、教学理念等核心要素的深入研究。只有全面、深入地推进教学改革，才能确保思想政治理论课教学的质量和效果，真正发挥其在思想政治教育中的主渠道作用。因此，高校和教师应加强对思想政治理论课教学内容的研究，不断更新和完善教学内容，同时注重教学理念的更新和转变，以推动思想政治理论课教学改革向纵深发展。

（二）重视教学改革的形态，对教学改革的质量关注不够

教学改革是推动教育发展的重要动力，其目的在于通过创新教学方式、方法，提升教学质量，更好地满足学生和社会发展的需求。然而，在实际操作过程中，一些高校往往过于关注教学改革的形态，即外在的表现形式，而忽视了教学改革的质量，即内在的实际效果。具体表现为，高校在推进思想政治理论课教学改革时，往往更侧重于改革的形式和数量，如采用了哪些新的教学手段、开展了多少项教学改革项目等。这种对形态的关注往往导致一些教师为了迎合改革潮流，过于追求形式上的创新，而忽视了教学内容的深度和广度，以及教学方法的实效性。然而，教学改革的质量才是衡量改革成功与否的关键。教学改革的质量包括

教学理念的创新性、教学内容的丰富性、教学方法的有效性以及教学评价的科学性等多个方面。只有在这些方面都取得了实质性的进展,教学改革才能真正地提升思想政治理论课教学的质量和效果。

(三)重视教学改革过程的宣传推广,对教学质量评价关注不够

目前思想政治理论课教学改革在宣传推广方面表现出较高的关注度,但在教学质量评价方面则显得相对薄弱。这种问题主要体现在以下几个方面:

首先,在改革报道和推广方面,高校往往热衷于展示教学改革的形式和过程,强调教学方法和手段的创新,以及学生的出勤率、抬头率和参与率等显性指标的提升。这些宣传报道多见于媒体,为外界呈现了一个积极、活跃的教学改革形象。然而,这种宣传往往偏重于表面形式,而未能深入揭示教学改革对于教学质量和学生实际收获的实质性影响。

其次,在教学质量评价方面,高校普遍缺乏全面、深入、系统的评价标准和方法。虽然一些高校可能制定了一些评价指标,但这些指标往往过于笼统、模糊,难以准确衡量教学质量。同时,评价过程往往缺乏足够的客观性和公正性,容易受到人为因素的影响。这导致教学质量评价的结果难以被广泛接受和认可,也无法为教学改进提供有力的依据。

最后,高校对于教学质量评价结果的反馈和应用也显得不足。即使进行了评价,评价结果往往只是作为一种形式上的总结,而未能真正用于指导教学改革和教学质量的提升。教师和管理者可能对于评价结果缺乏足够的关注和反思,无法从中找到改进的方向和动力。

(四)重视教学改革的成果总结,对教学改革的反思关注不够

思想政治理论课教学改革在近年来取得了显著的进展,许多高校都在积极探索并尝试新的教学方法和模式。然而,在这一过程中,也呈现出一些问题,其中之一便是重视教学改革的成果总结,而对教学改革的反思关注不够。

重视对教学改革的成果总结不仅可以为今后的教学改革提供经验和借鉴,还能激励更多的教师和教育工作者投身到这一工作中来。通过总结成果,可以清晰地看到改革带来的成效,如教学方法的改进、学生

学习兴趣的提升以及教学效果的增强等。然而,过于重视成果总结也容易导致一些问题。一方面,这可能使得一些学校和教师过于追求短期的改革效果,而忽视了教学改革的长期性和系统性。他们可能更关注于展示改革的亮点和成果,而不是深入探讨改革过程中遇到的问题和困难。另一方面,对教学改革的反思不足,导致可能无法及时发现和纠正改革中的偏差和错误。改革是一个不断探索和尝试的过程,难免会遇到挫折和失败。然而,如果我们缺乏对改革的深入反思,就可能无法从中吸取教训,无法及时调整和改进改革方案。此外,反思不足还可能导致教学改革缺乏持续的动力和深度。没有深入的反思,就难以对改革进行深入的剖析和理解,难以找到改革的真正痛点和难点,也就难以推动改革的进一步深化和发展。

二、高校思想政治理论课教学改革创新的基本思路

高校思想政治理论课教学改革创新过程中要注重把握科学思路,只有在科学思路的指导下,才能确保高校思想政治理论课教学改革创新的顺利进行。高校思想政治课教学改革创新要明确基本遵循、定位规划。

(一)新时代高校思想政治理论课教学改革创新的基本遵循

1. 确定教学改革方向,明晰高校思想政治理论课的育人目标

在高校思想政治理论课的教学改革创新过程中,首要任务是确立清晰的改革方向,并明确"为谁培养人"这一核心问题。作为高校思想政治教育的主渠道,思想政治理论课承载着立德树人的根本任务,其政治立场和价值导向至关重要。

习近平总书记强调,高校应全面贯彻党的教育方针,坚持"四个服务",即为人民服务,为中国共产党治国理政服务,为巩固和发展中国特色社会主义制度服务,以及为改革开放和社会主义现代化建设服务。这"四个服务"为高校思想政治理论课教学改革创新指明了方向。

首先,教学改革应坚持以人民为中心,贴近学生实际,关注学生需求。思想政治理论课要接地气,真正解答大学生的疑惑,反映他们的思

考和忧虑。

其次,教学改革必须服务于中国共产党治国理政的需要。课程应着重讲述中国故事,引导学生深入理解党的路线、方针、政策,了解中国特色社会主义的伟大实践,以及党在革命、建设、改革等方面的宝贵经验,特别是党的十八大以来新的治国理政方略。

再次,教学改革应致力于巩固和发展中国特色社会主义制度。中国特色社会主义制度是经过历史检验的、符合我国国情的正确道路。思想政治理论课应坚持社会主义办学方向,为加强和巩固这一制度贡献力量。

最后,教学改革要服务于改革开放和社会主义现代化建设。改革开放是实现中华民族伟大复兴的必由之路,已被实践证明是正确的决策。思想政治理论课应引导学生融入新时代的改革开放实践,让他们在感受社会进步成果的同时,也认识到社会主义现代化建设中存在的问题,并激励他们为实现中华民族伟大复兴的"中国梦"而努力奋斗。

2. 明确教学改革目标,厘定高校思想政治理论课的育人旨向

在高校思想政治理论课的教学改革创新中,明确改革目标是至关重要的。这需要我们深入理解并厘定"培养什么人"的问题,以确保改革创新能够紧紧围绕核心目标任务展开。高校思想政治理论课的根本任务是立德树人,而教学改革创新的最终目的就是提升这一任务的实现效果。

关于"培养什么人",党和国家已经给出了明确的指引。党的十九大报告强调,要培养能够担当民族复兴大任的时代新人。新时代的大学生既面临着前所未有的机遇,也肩负着沉重的历史使命。他们是我国实现第一个百年奋斗目标的见证者,更是实现第二个百年奋斗目标的生力军。因此,思想政治理论课不仅要传授马克思主义理论知识,更要着重培养学生的责任感和使命感,引导他们将个人成长与民族复兴的历史使命紧密结合起来。这要求课程不仅具有鲜明的政治属性,更要全面提升学生的综合素质。通过教学改革创新,我们要确保学生不仅拥护党和国家的领导,更具备全面的知识和能力结构,以适应未来社会主义事业建设的需要。

3. 精准把握教学改革方法，实施高校思想政治理论课的有效育人策略

在高校思想政治理论课的教学改革创新过程中，关键在于精准把握改革方法，解决“怎样培养人”的问题。这需要我们采取科学有效的策略和方法，确保教学改革能够切实提升思想政治理论课的教学效果，实现立德树人的根本任务。

首先，高校思想政治理论课教师应以“六个要”为标准，全面提升自身综合素质。这包括要具备坚定的政治信仰、高尚的道德情操、扎实的学识基础、精湛的教育教学能力，以及对学生的爱心和责任心。教师不仅应拥有丰富的知识储备和高超的教学技巧，还应通过自身的言行举止，对大学生进行言传身教，引导他们树立正确的思想道德观念。

其次，教师应遵循“八个相统一”的教学原则，深入探索思想政治理论课的教学规律，创新教学方法，提升教学本领。这意味着教师需要将理论与实践相结合，将知识传授与价值引领相统一，以富有吸引力和感染力的教学方式，激发学生的学习兴趣和主动性。

最后，教师在开展教学时，应充分考虑大学生的特点，进行有针对性的教育引导。大学生处于人生观、价值观形成的关键时期，他们的思想活跃、求知欲强，但也容易受到各种思潮的影响。因此，教师需要采用灵活多样的教学方法，如案例教学、小组讨论、角色扮演等，提高大学生的学习参与度和积极性。同时，教师还应结合新时代的特点，对大学生进行课堂知识传授和课后释疑解惑，不断提升思想政治理论课的教学成效。

（二）新时代高校思想政治理论课教学改革创新的定位规划

高校思想政治理论课教学改革创新要立足时代发展的新形势、新要求，通过教学改革创新发挥高校思想政治理论课“铸魂育人”的重要作用。改革开放以来，我国社会主义建设伟大事业各方面都取得了较大的进展，与此同时，社会的发展对于新时代人才培养也提出了新的要求。当前，我国的经济、政治、文化、社会、生态等各方面发展具有了新特点，中国特色社会主义进入新时代，党和国家对思想政治理论课教学也更加重视。高校思想政治理论课教学改革创新要注重从以下方面做好定位规划。

1. 确立新时代高校思想政治理论课的功能定位

在经济全球化、价值多元化、信息化的时代背景下,各种社会思潮层出不穷,对人们的思想产生了深远影响。随着中国特色社会主义进入新时代,意识形态教育和爱国主义教育在高校人才培养中的地位愈发凸显。因此,明确新时代高校思想政治理论课的功能定位,对于推进教学改革创新至关重要。

根据中央宣传部、教育部联合发布的《普通高校思想政治理论课建设体系创新计划》,思想政治理论课在意识形态领域扮演着举足轻重的角色,并被视为高校教育中的"核心课程"。这一地位不仅体现了课程的重要性,还彰显了其在高等教育体系中的关键作用。

教育部在《新时代高校思想政治理论课教学工作基本要求》中进一步重申了思想政治理论课的"核心课程"地位,并提出要将其打造成为高等教育发展的灵魂课程。该文件明确指出,思想政治理论课是落实立德树人根本任务的关键环节,体现了党中央对思想政治理论课的深切关注和高度重视。各高校应积极响应,推进思想政治理论课的改革创新,不断提升其思想性、理论性,同时增强其亲和力和针对性。

《"新时代高校思想政治理论课创优行动"工作方案》要求充分发挥高校思想政治理论课在落实立德树人根本任务中的关键作用,推动习近平新时代中国特色社会主义思想深入人心,同时加强优质教学资源的建设,打造一批内容精准、思想深邃、形式生动的优质示范课堂。

2. 精心规划高校思想政治理论课的教学内容

在新时代背景下,高校思想政治理论课的教学改革创新应着重于教学内容的科学规划。高校必须紧跟时代发展的步伐,不断丰富和更新思想政治理论课的教学内容,以提升其教学效果。考虑到新时代中国特色社会主义建设的新格局和实现"第二个百年奋斗目标"的新要求,系统规划教学内容显得尤为重要。

高校思想政治理论课的教学内容必须贴近新时代中国马克思主义理论的发展实际,深入贯彻落实习近平新时代中国特色社会主义思想。为此,高校不仅要关注理论知识的传授,还要注重实践能力的培养。

首先，在理论内容方面，要持续推进党的最新理论成果进教材、进课堂、进学生头脑的“三进”工作。通过不断丰富和发展思想政治理论课的理论内容，用科学理论武装大学生的头脑。目标是引导大学生树立共产主义的世界观、人生观和价值观，帮助他们站稳政治立场，坚定政治信念。

其次，在实践内容方面，要引导大学生将马克思主义经典理论与中国特色社会主义建设实践相结合。在经济建设方面，引导大学生了解中国经济的快速增长、产业结构的优化升级、创新能力的提升以及对外开放的不断扩大等实践内容，让他们深刻体会到中国特色社会主义经济制度的优越性和强大生命力。例如，可以组织大学生参观经济开发区、高新技术企业等，了解经济发展的实际情况，从而增强他们对国家经济发展道路的认同感和自信心。政治建设方面，引导大学生了解中国的政治制度、民主法治建设、政府治理能力等实践内容，例如，组织大学生参与模拟政协提案、旁听政府会议等活动，让他们亲身体验政治参与的过程，加深对国家政治制度的理解和信任。文化建设方面，引导大学生了解中国的文化传承与创新、文化产业的发展、文化软实力的提升等实践内容，让他们感受到中华文化的博大精深和时代魅力，例如，组织大学生参观博物馆、艺术馆等文化场所，或者参与文化创意产业的项目实践，增强他们对中华文化的自豪感和传承意识。生态文明建设方面，引导大学生了解中国在生态环境保护、资源节约利用、绿色产业发展等方面的实践内容，让他们认识到可持续发展的重要性以及中国在生态文明建设方面的努力，例如，组织大学生参与环保志愿活动、实地考察生态保护区等，培养他们的环保意识和社会责任感。

为了实现这些目标，需要不断更新教学内容，反映新时代中国特色社会主义的最新理论和实践成果。同时，还应加强实践教学环节的设计，让学生有机会亲身参与社会实践，深化对理论知识的理解和应用。通过这些努力，我们相信能够培养出既有坚定理想信念，又具备实践能力的新时代好青年。

3. 创新高校思想政治理论课教学方式方法

在新时代背景下，高校思想政治理论课应打破传统、单一的教学模式，探索并采用更灵活、多样化的教学方法。同时，随着信息化、网络化的快速发展,多媒体和网络平台已成为大学生日常生活中不可或缺的部分。因此,高校思想政治理论课教学应紧密结合大学生的特点和需求,利用互联网等新媒体平台,采用学生喜闻乐见的教学方式,以更有效地传授思想政治理论课程内容,并提升教学效果。

一方面,实践教学应得到加强。实践教学是提升学生实践能力和深化理论理解的重要环节。教育部已明确将实践教学纳入教学方案,并强调了其重要性。高校应积极响应这一号召,通过实践教学让学生将理论知识与实际相结合,增强思想政治理论课程的实用性和吸引力。为此,可以组织各种形式的实践活动,如社会调研、志愿服务、实地考察等,让学生在实践中感悟思想政治理论课程的真谛。

另一方面,网络平台应得到充分利用。在信息化、网络化的时代背景下,网络平台为高校思想政治理论课教学提供了无限可能。高校教师可以利用网络平台,如慕课、微课、在线讨论等形式,丰富教学手段,提高学生的学习兴趣和参与度。同时,借助大数据、人工智能等先进技术,教师可以更精准地了解学生的学习需求和习惯,从而进行个性化的教学辅导。此外,网络平台还可以用于传播正能量、弘扬主旋律,为学生创造一个健康、向上的网络学习环境。

三、高校思想政治理论课教学改革创新的实现路径

随着时代的快速发展和教育环境的深刻变化,传统的教学方式已经难以完全满足学生的需求,因此,高校思想政治理论课程的教学改革创新势在必行。

(一)积极创设思想政治理论课教学改革创新的优质环境

环境的优化对于教学改革具有深远的影响。为了推动高校思想政治理论课的教学改革创新,我们必须从多个层面打造适宜的教学环境。

1. 充分利用有利的政治环境

政治环境是思想政治理论课教学的重要背景。当前,党和国家对思想政治理论课建设的重视,以及我国各项事业的稳步发展,都为思想政

治理论课提供了丰富的教学素材和实践案例。高校应将这些政治优势转化为教学资源，使学生在学习中深刻感受到中国特色社会主义的伟大成就，从而增强对思想政治理论课的认同感和学习兴趣。

2. 创造积极向上的校园环境

校园环境是学生学习生活的重要组成部分，对于塑造学生的世界观、人生观和价值观具有潜移默化的影响。高校应高度重视思想政治理论课的地位，通过校园文化的建设、思政元素的融入，以及丰富多彩的思政活动，创造出一个积极向上、充满正能量的校园环境。这样不仅能提升思想政治理论课的教学效果，还能促进学生的全面发展。

3. 把握好网络环境带来的机遇

在信息化、网络化的时代背景下，网络环境成为影响学生思想形成的重要因素。高校应充分利用网络资源和技术优势，打造思想政治理论课的网络教学平台，提供丰富多样的教学内容和互动方式。同时，要加强对网络舆情的监控和引导，确保学生在健康的网络环境中接受正确的思想政治教育。

（二）构建有力的思想政治理论课话语体系

话语，作为沟通的工具，不仅传递信息，更承载着思想和观念的交流。在高校思想政治理论课中，话语体系的构建显得尤为重要，它不仅是传授知识的手段，更是塑造学生世界观、人生观和价值观的关键。为了提升思想政治理论课的教学效果，我们必须从多个维度出发，构建一个完整的话语体系。

首先，要坚持话语主体的统一性。在思想政治理论课的教学中，教师、学生和课程内容构成了一个互动的话语场。教师是话语的引导者和传播者，他们通过精心组织的话语，将理论知识、价值观念传递给学生。学生则是话语的接受者和反馈者，他们在接收话语的同时，也在进行着自我解读和再创造。因此，教师必须关注学生的需求，用贴近学生实际的话语方式进行教学，以实现话语主体的有机统一。

其次，要增强话语内容的丰富性和时代性。思想政治理论课的教学内容必须紧跟时代发展的步伐，及时融入新的理论和实践成果。同时，教师还要结合学生的兴趣点和关注点，用生动、具体的案例来丰富教学内容，使话语更加贴近学生的生活实际，激发学生的学习兴趣和热情。

最后，要增强话语方式的灵活性和感染性。单向的灌输式教学已经无法满足现代学生的需求，教师必须转变教学方式，采用双向对话、小组讨论等灵活多样的话语方式，以增强学生的参与感和体验感。同时，教师还要注重话语的感染性，用富有激情和感染力的语言来打动学生，引发学生的情感共鸣，从而提升教学效果。

（三）全面提升思想政治理论课教师的综合素养

高等教育机构扮演着培养未来人才的核心角色，其在塑造人才方面具有不可替代的重要性，在塑造学生世界观、人生观和价值观方面扮演着举足轻重的角色。在这一过程中，高校所实施的多元化教育不仅为学生的全面发展奠定了坚实的基础，而且对学生的思想和行为模式产生了深远的影响。作为教育实施的主体和教育过程中的关键力量，思想政治理论课教师的综合素质直接影响着思想政治教育效果。

思想政治理论课程教师需遵循“政治立场坚定、情感深厚、思维创新、视野开阔、自律严格、人格正直”六大原则。这六大原则相互补充，共同构成了提升高校思想政治理论课教师综合素质的全面框架。它们不仅为教师的专业成长提供了明确的价值导向，也为教师在教学实践中不断提升自我提供了清晰的指导方针。

1. 坚定理想信念，厚植家国情怀

作为高校思想政治理论课的教师，首要任务是确立坚强的政治信念和深厚的家国情感，清晰地认识到自己在培育学生和履行教育职责中的关键作用。坚定的政治立场和理想信念是教师传授正确价值观和引导学生思想的基础。在思想政治理论课的教学中，教师不仅是知识的传递者，更是塑造学生精神世界的重要力量，对学生的成长和价值观形成具有决定性的影响。与其他专业的教师相比，思想政治理论课教师需要展现出更高的政治敏锐性和坚定性，明确自己肩负的培养社会主义建设者

和接班人的重任。在教学实践中,教师应自觉与党的方针政策保持一致,坚守政治立场,积极引导学生形成正确的政治观念。

高校思想政治理论课教师需不断提升自身的政治思想素质,明确自己的政治责任和教育使命。他们应深刻理解作为思想政治理论课教师的角色,致力于为党和国家的教育事业贡献力量,培养具有时代精神的社会主义新人。教师们应坚持“四个服务”的原则,即服务人民、服务中国特色社会主义、服务改革开放以及服务社会主义现代化建设,明确教育的目标和方向,积极履行教育者的职责。此外,教师们还需不断加强政治理论学习,提高对马克思主义理论的理解和应用能力,坚守马克思主义在意识形态领域的指导地位,并引导学生全面发展。

同时,高校思想政治理论课教师应深植家国情怀,全身心投入教育事业。他们应以培育具有时代精神的新人为己任,致力于党的教育事业和国家的人才培养。在教学过程中,教师需要密切关注国内外的发展动态,以及社会现实和网络热点问题,引导学生正确理解国际和国内的重大问题,保持坚定的政治立场和清晰的思维。教师们还应以情感和同理心与学生建立联系,关注并支持学生的成长和发展。

2. 创新思维方式,拓宽知识视野

在快速变化的时代背景下,思想政治理论课教师需要具备创新思维和广阔的视野。他们应学会运用马克思主义的历史唯物主义和辩证唯物主义观点来分析和解决问题。同时,通过不断学习新知识、新技能,拓宽自己的知识领域,以更好地适应时代发展和学生需求的变化。

3. 严格自律,树立正直人格

思想政治理论课教师作为学生成长过程中的重要引导者,必须做到严格自律、以身作则。他们应自觉遵守教师职业道德规范,恪守学术诚信和职业操守,以高尚的人格魅力去感染和影响学生。同时,思想政治理论课教师还应注重培养学生的自律意识和道德品质,帮助他们树立正确的价值观和人生观。

综上所述,全面提升思想政治理论课教师的综合素养是一项长期而艰巨的任务。这不仅需要教师自身的努力和坚持,也需要高校和社会的

共同支持和培养。通过不断提高思想政治理论课教师的政治素质、专业素养和道德品质，我们将能够培养出更多具备高度政治觉悟、良好道德品质和创新能力的高素质人才，为国家的繁荣富强和民族的伟大复兴贡献力量。

（四）优化思想政治理论课教学内容与体系

在高校思想政治理论课的教学改革创新中，核心环节是优化和完善内容体系。这一体系涵盖了教材和教学内容两大方面。教材是教学的基础，而教学内容则是教师在深入理解教材后，融入个人见解和时代元素，对学生进行知识传授和思想启迪的结晶。这两者相辅相成，共同构建了思想政治理论课的知识架构。

1. 规范使用教材，确保教学连贯性

高校思想政治理论课应严格按照统编教材进行教学，以保持教学内容的连贯性和系统性。目前，高校思想政治理论课主要包括“马克思主义基本原理概论”“形式与政策”等五门课程，这些课程各有侧重，共同构成了思想政治理论课的教学体系。如，“马克思主义基本原理概论”主要阐释马克思主义的核心要义，而“形势与政策”则结合当前国内外形势，进行政策解读和分析。在教学过程中，教师应遵循教材内容的逻辑线索，确保各门课程之间的衔接和呼应。

2. 动态更新教学内容，体现时代精神

高校思想政治理论课的教学内容应与时俱进，不断优化和更新，以反映时代发展的新要求和新趋势。一方面，要加强主导性内容的教育，如理想信念、社会主义核心价值观等，以引导学生树立正确的政治方向和价值取向。另一方面，要将最新的理论成果，特别是习近平新时代中国特色社会主义思想，有机融入教学中，使学生能够深刻理解并践行这一思想。此外，思想道德教育也是不可或缺的一部分，它旨在培养学生的道德情操和社会责任感。

总的来说，高校思想政治理论课的教学内容应是一个动态、开放的

系统，既要传承经典的马克思主义理论，又要吸纳新时代的思想精华，以更好地肩负起培养社会主义建设者和接班人的重任。通过不断优化和更新教学内容，我们可以有效提升思想政治理论课的教学质量，培养出更多符合时代发展要求的高素质人才。

（五）创新思想政治理论课教学手段方法

为了提升高校思想政治理论课的吸引力和实效性，教学改革应着重于创新教学手段和方法。新时代的大学生具有鲜明的个性和多样化的学习需求，因此，我们必须结合他们的特点，充分利用各种资源，探索出更加生动有趣的教学方式。

1. 融入文化资源，实施文化熏陶法

文化，作为一个国家和民族的灵魂，具有深远的影响力。中华优秀传统文化、革命文化以及社会主义先进文化，都是思想政治理论课程的宝贵资源。将这些文化资源融入课堂，不仅可以丰富学生的知识，还能在潜移默化中培养他们的道德情操。课堂上，教师可以通过讲述中国故事，将课本知识与文化资源相结合，让学生在了解历史文化的同时，提升对思想政治理论课程的兴趣。课堂外，学校可以积极挖掘和利用校内外的文化资源，如组织参观红色教育基地，让学生在实际环境中感受文化的熏陶。

2. 利用网络资源，开展多媒体教学

在信息化、网络化的时代背景下，网络媒体已成为大学生获取信息的重要渠道。思想政治理论课程应充分利用这一优势，将网络媒体与教学内容相结合。教师可以利用网络资源，制作丰富多彩的多媒体课件，通过声音、图像、视频等多种形式展示教学内容。此外，还可以开展线上教学，打破时间和空间的限制，为学生提供更加灵活的学习方式。这种线上线下相结合的教学模式，不仅能够提高学生的学习兴趣，还能有效提升思想政治理论课程的教学效果。

3. 以活动为载体，实施实践教学

实践教学是巩固理论知识、提升学生实践能力的有效途径。高校可以通过组织各种校园实践活动和社会实践活动，让学生在参与中体验、在体验中学习。如志愿服务、主题征文、演讲比赛等校园活动，可以增强学生的社会责任感和团队协作精神；而社会调研、基层实践等校外活动，则能帮助学生更好地了解社会、增长见识。这些实践活动不仅能激发学生的学习兴趣，还能培养他们的创新能力和实践能力。

4. 引入典型案例，采用案例教学法

案例教学法是一种生动、形象的教学方法，它通过将现实案例引入课堂，让学生在分析和解决问题的过程中掌握知识、提升能力。在思想政治理论课程中采用案例教学法，可以选择具有代表性、说服力的案例，如时代楷模、道德模范等先进事迹，或者与课程内容紧密相关的社会热点事件。通过对这些案例的深入剖析和讨论，可以帮助学生树立正确的世界观、人生观和价值观，同时提高他们的思辨能力和解决问题的能力。

（六）改革思想政治理论课教学考核评价方式

思想政治理论课在高校教育中占据核心地位，旨在提升学生的马克思主义理论素养和思想道德品质。为了更有效地评估思想政治理论课的教学效果，考核评价方式也需与时俱进，进行全面改革。

1. 考核内容双重性：知识与能力并重

思想政治理论课的考核不仅应涵盖学生对马克思主义理论、中国特色社会主义理论等知识的掌握，还应注重评估学生运用这些理论分析、解决问题的能力。知识考核确保学生理论基础的扎实，而能力考核则鼓励学生将理论应用于实际，实现知识的内化与外化。

2. 考核方式多元化：理论与实践相结合

传统的试卷考试和论文撰写等理论考核方式，虽能测试学生的理论知识水平，但难以全面反映学生的实践能力。因此，应将实践考核纳入评价体系，如通过模拟情景、问题解决等方式，观察学生在实践中的表现，全面评估其理论与实践相结合的能力。

3. 考核时段连续性：过程与结果兼顾

思想政治理论课的教学是一个动态过程，学生的成长和变化应得到持续的关注。过程考核能够捕捉学生在学习过程中的进步和变化，而结业考核则是对学生阶段学习成果的总结。将两者结合，能更全面地评价学生的学习效果。

4. 考核评价科学化与多样化

为确保考核评价的准确性和客观性，应建立科学的评价指标体系，涵盖学生思想素质、理论知识掌握情况和实践能力等多方面。同时，评价主体也应多元化，包括学生自评、互评以及教师评价等，以提供多角度、全方位的评价信息。此外，考核评价结果应及时反馈于教学中，以指导教学改进，激励学生学习，最终实现思想政治理论课教学效果的提升。

第三节 “大思政课”理念下思想政治理论课实践教学的实施

教育部等十部门于 2022 年 7 月共同发布了《全面推进“大思政课”建设的工作方案》（以下简称《方案》）。《方案》明确提出，要全面推进“大思政课”建设，“坚持开门办思想政治理论课，强化问题意识、突出实践导向”。这一指导原则不仅凸显了思想政治理论课实践教学的关键地位,更显示了其在整个思想政治理论课体系及人才培养中的不可或缺的作用,从而要求学校必须不断创新和优化思想政治理论课实践教学。

尽管“大思政课”在推广过程中取得了显著成效,但部分高校在理解上仍存在误区,如将“大思政课”简单等同于“大思政”,或与思想政治理论课实践教学画等号。这反映出对于“大思政课”的真正含义、其与思想政治理论课实践教学的关系,以及构建完善的思想政治理论课实践教学体系等问题,还存在一定的认知模糊。

鉴于此,我们需要明确“大思政课”理念指导下的思想政治理论课实践教学的实施路径,科学地构建思想政治理论课实践教学体系。这不仅有助于提升思想政治理论课的教学质量,更能推动思想政治理论课建设向更高质量的方向发展,具有重要的理论和现实意义。

为了实现这一目标,高校应深化对“大思政课”理念的理解,准确把握其与思想政治理论课实践教学的内在联系,积极探索实践教学的创新模式和方法,从而培养出更多具备高度政治觉悟、理论素养和实践能力的新时代青年。

一、“大思政课”的内涵

自党的十八大以来,党中央对思想政治理论课建设的重视程度日益提升,逐渐形成了“大思政课”的先进教学理念。为了深入推动思想政治理论课建设,我们首先需要明确“大思政课”的深刻内涵。

(一)“大思政课”的“大”之所在

“大思政课”的理念由习近平总书记提出,他强调思想政治理论课应与现实紧密结合,不应局限于课堂内,而应延伸到社会生活中。这里的“大”并非指规模或范围,而是指一种全面的、整合性的教育方法。它要求我们充分调动学校、家庭及全社会的资源和力量,构建“大课堂”“大教学”“大平台”“大师资”的教育格局。

“大课堂”意味着将整个社会作为教学场所,突破传统教室的限制。

“大教学”则强调改革教与学的关系,引入更多体验式、情感式的教学方法。

"大平台"是指利用多种空间和载体进行思想政治理论课教学,增强学生的学习体验。

"大师资"则鼓励吸纳社会各界人士参与思想政治理论课教学,建设多元化的教学团队。

(二)"大思政课"的核心是"课"

尽管"大思政课"理念宏大,但其本质仍是"课"。它包含教学主体、教学客体、教学内容、教学环境和教学形式等基本教学要素。其中,教学主体不仅包括专职思想政治理论课教师,还涵盖学校专家学者和社会各界人士。教学客体则是新时代担负民族复兴重任的青年学生。教学内容应围绕党的创新理论和中华民族伟大复兴的战略全局展开。教学环境则扩展至整个社会、国家文化乃至网络虚拟空间。至于教学形式,虽然"大思政课"强调实践教学的重要性,但理论教学与实践教学仍是其两大基本形式。

(三)"大思政课"的落地关键

要实现"大思政课"的理念,关键在于构建和完善思想政治理论课实践教学体系。这一体系需要将多种形式的实践融入课堂教学,同时把生动鲜活的实践案例带回课堂,让学生在实践中深化理论认知,增强理想信念。具体措施如下:

实践教学内容的扩容与优化:在传统思想政治理论课内容基础上,融入更多社会大课堂的育人素材和案例,使教学内容更加丰富和贴近实际。

实践教学方法的创新与多元:采用体验式、探究式等多样化的教学方法,让学生在实践中学习、在探索中成长。

实践教学与课堂教学的有机结合:将实践教学成果与课堂教学内容相衔接,形成理论与实践的良性互动。

综上所述,"大思政课"是思想政治理论课建设的新理念、新形态和新成果。其落地见效的关键环节在于构建和完善思想政治理论课实践教学体系,通过整合社会各方资源和力量,形成全面育人的新格局。

二、“大思政课”理念下思想政治理论课实践教学的问题及成因

在“大思政课”理念的指导下，高校实践教学工作取得了显著进展，但仍存在一些亟待解决的问题。这些问题的存在不仅影响了实践育人的效果，也制约了高校思政教育的创新发展。

（一）潜能挖掘不足导致“大思政课”实践教学课堂不完善

潜能是指个体在特定领域内未被充分发掘和利用的能力，包括智力、创造力、领导力、沟通能力等方面。在“大思政课”实践教学课堂中，潜能挖掘的不足主要体现在以下几个方面：

首先，理论课堂吸引力不足。部分思想政治理论课教师过于注重理论知识的传授，而忽视了与学生的互动和实践环节的融入，导致课堂氛围沉闷，学生缺乏学习兴趣。此外，一些教师缺乏将理论知识与现实生活相结合的能力，使得课堂内容脱离实际，难以引起学生的共鸣。

其次，实践课堂管控力不足。高校与校外实践基地的合作不够紧密，缺乏有效的沟通机制。同时，校外实践基地自身也存在管理不规范、教学资源有限等问题，导致实践教学效果不佳。此外，高校对实践教学的管理和监督不够到位，缺乏明确的教学计划和评价标准，使得实践教学难以达到预期效果。

最后，网络课堂创新力不够。在信息化时代，网络课堂成为实践教学的重要阵地。然而，部分高校在网络课堂建设方面缺乏创新，教学资源更新缓慢，教学方法单一，无法满足学生的多元化需求。同时，网络课堂的监管和评估机制也不完善，难以保证教学质量。

（二）培储滞缓导致“大思政课”实践育人队伍不齐

实践育人队伍的不齐主要体现在数量不足、质量不高和结构不合理等方面，这些问题都与培储滞缓有着密切的关联。

首先，培储滞缓导致实践教学队伍的数量不足。由于高校对思想政治理论课教师的培养和引进不够重视，或者由于相关政策和资金支持的不足，导致实践育人队伍的建设进展缓慢。这使得高校在面临实践教学

的需求时,往往无法提供足够数量的教师来满足需求,从而影响了实践教学的效果。

其次,培储滞缓也导致实践教学队伍的质量不高。由于缺乏有效的培训和发展机制,现有思想政治理论课教师在实践教学的理念、方法和技能方面可能存在不足。他们可能缺乏对实践教学的深入理解和研究,无法有效地将理论知识与实践相结合,也无法有效地引导学生参与实践活动。这导致实践教学的效果不尽如人意,无法满足学生的实际需求。

最后,培储滞缓还导致实践教学队伍的结构不合理。由于缺乏对实教学队伍建设的全面规划,高校在引进和培养思想政治理论课教师时可能存在盲目性和随意性。这导致实践教学队伍在学科背景、年龄结构、职称级别等方面存在不合理的分布,使得实践教学的工作难以形成合力,也无法充分发挥每个教师的优势。

(三)供需矛盾导致“大思政课”实践教学机制不健全

供需矛盾导致“大思政”实践教学机制不健全主要体现在实践教学资源、教师资源、管理制度以及学生参与等方面。

首先,从实践教学资源的供需矛盾来看,部分高校存在实践教学资源不足的问题。这包括实践基地、实践教学设备、实践教学经费等方面的短缺,导致实践教学活动无法充分开展,无法满足学生的实践学习需求。由于供需不平衡,实践教学的效果受到严重影响。

其次,从教师资源的供需矛盾来看,一方面,可能缺乏具有丰富实践经验和教学能力的专业教师,无法为学生提供有效的实践指导;另一方面,现有的教师队伍可能在教学理念、教学方法等方面与实践教学的要求存在差距,无法充分满足学生的需求。

再次,从实践教学管理制度的供需矛盾来看,部分高校尚未建立起完善的实践教学管理制度。这包括实践教学的组织管理机构、实践教学计划、实践教学评价体系等方面的缺失或不完善。由于缺乏有效的制度保障,实践教学的实施过程可能出现混乱、无序的情况,导致实践教学的效果无法得到保障。

最后,从学生参与实践教学的供需矛盾来看,学生的实践学习需求与高校提供的实践教学机会之间存在不匹配的情况。部分高校可能由于资源限制或其他原因,无法为学生提供足够的实践学习机会,或者提供的实践学习机会与学生的兴趣和需求不符。这会导致学生参与实践教学的积极性不高，影响实践教学的效果。

三、"大思政课"理念引领下的思想政治理论课实践教学革新

"大思政课"作为一种全新的教学理念，对思想政治理论课实践教学提出了新的要求和指导原则。在"大思政课"理念的引领下，需要从系统构建、全员参与和内容选择三个方面来加强和改进思想政治理论课实践教学。

（一）系统构建思想政治理论课实践教学体系

"大思政课"的宏观视野要求我们必须从整体和系统的角度来构建思想政治理论课实践教学体系。教育部等十部门已联合发文，对"大思政课"的建设进行了全面部署，这为我们提供了宏观和中观的指导。在学校层面，我们需要强化系统思维，推动思政教育的整体发展。学校党组织应统合全校资源，共同制定"大思政课"建设方案，确保"大课堂""大教学""大平台""大师资"的协同规划与实施。同时，要加强顶层设计，从学分设置、教学目标到教学评价等各个环节，都要有明确的规划和设计，以确保思想政治理论课实践教学的有序进行。

（二）坚持全员参与，形成教育合力

"大思政课"的理念强调全员参与，这是加强思想政治理论课实践教学的必然要求。面对思政教育队伍人员不足的问题，我们应积极建立专兼结合的思想政治理论课教师队伍，并吸纳社会各界的先进人物和普通劳动者加入"大师资"队伍，共同铸就强大的教育合力。在思想政治理论课实践教学中，思想政治理论课教师应发挥主导作用，协调辅导员队伍和其他教师的参与，形成齐抓共管的工作格局。同时，思想政治理论课教师要不断增强自身的教学本领，确保在实践教学体系中发挥核心作用。

（三）注重选择社会和时代内容，丰富实践教学内涵

“大思政课”的广阔视野要求我们注重选择社会和时代内容来丰富思想政治理论课实践教学的内涵。我们要将思想政治理论课放在世界百年未有之大变局和党和国家事业发展全局中来考虑，选取和整合当下的丰富教育素材。一方面，我们要深入挖掘社会生活中的典型事例和人物，捕捉社会热点和问题，将其作为思想政治理论课实践教学的生动教材。另一方面，我们要运用国际比较的方法，通过讲述中国故事，回应质疑声音，揭示真相和道理。因此，在思想政治理论课实践教学的安排中，我们应因时而动，引导学生通过实践加深对国内外形势的理解，不断增强爱国情怀和坚定理想信念。

四、“大思政课”理念下思想政治理论课实践教学的体系构建

长期以来，思想政治理论课实践教学面临着一些难以解决的问题，如教学目标不明确、内容缺乏重点、学生参与度不高等。这些问题导致了实践教学的效果不佳，无法满足学生的实际需求。为了解决这些问题，需要将“大思政课”理念融入实践教学中，坚持学校党组织的统一领导和马克思主义学院的积极协调。在“大思政课”理念的引领下，可以采取“四化并进”的实践教学模式，即综合实践课程化、课内实践主题化、校园实践活动立体化和实践成果可视化。这种创新性的教学模式可以推动思想政治理论课程、校园实践活动、专业实践以及社会实践的有机结合，从而提升实践教学的效果和质量。具体来说，要将思想政治理论课实践教学与课程相结合，使之成为一门综合实践课程；课内实践围绕特定主题展开，以提高学生的学习兴趣和参与度；通过丰富多彩的校园实践活动，让学生在实践中感受思政教育的内涵；通过将实践成果以可视化的方式展示，让学生更加直观地了解自己的学习成果，从而激发他们的学习动力。

（一）构建综合实践课程体系

为了构建更为完善的综合实践课程体系，对高校本科生必修的五门

思想政治理论课重新进行审视。尽管这些课程具有人才培养的共同目标,但每门课程都有其独特的教学侧重点。为了加强课程间的内在联系,提升教学内容的连贯性和整合性,并有效减少不必要的重复,可以从现有的五门课程中重新分配学分,或额外增设2个学分,用于设立一门全新的思想政治理论课综合实践课程。这门课程将融合理论与实践,包含“理论辅导”和“实践体验”两大核心模块。在“理论辅导”模块,向学生介绍社会实践的基本概念、选题策略、实施步骤等关键知识,帮助他们为社会实践做好充分准备。而在“实践体验”模块,让学生走出教室,深入实际环境如农田、工厂等,结合现实社会问题和思想政治理论课程的教学重点进行实践活动。这种课程化的实践教学模式将有助于提高实践教学的质量,并推动实践教学基地的建设。

(二)设计课内主题实践活动

由于五门思想政治理论课的主题各异,因此,每门课程都应设计与其主题相符的课内实践活动,从而帮助学生更好地理解和掌握课程的核心内容。为避免实践教学的单一性和重复性,我们建议马克思主义学院为每门课程量身定制课内实践教学方案,以打造各具特色的课内实践教学品牌。例如,“马克思主义基本原理概论”的课内实践可以围绕“马克思主义的实际应用”这一主题展开,设计诸如“马克思主义在当代的解读”等实践任务,以加深学生对马克思主义理论的理解和应用能力。

(三)打造立体化校园实践平台

思想政治理论课实践教学应与校园内的各类活动紧密结合,形成一个多元化的育人环境。为实现这一目标,马克思主义学院应发挥核心作用,推动思想政治理论课实践教学与校园内各类活动的有机融合。这包括与教育部思想政治理论课竞赛项目的对接,将思政元素融入各类学科专业竞赛,以及主动参与学校的“第二课堂”实践育人活动。通过这些举措,我们不仅能够提升学生的马克思主义理论素养,还能扩大思政教育的影响力。

(四)实现实践成果的可视化展示

为确保思想政治理论课实践教学的效果可衡量、可展示,我们需要建立科学的考核机制,并对优秀成果进行表彰和推广。具体而言,马克思主义学院可以布置多种形式的实践作业,如文艺创作、政策宣讲等,以激发学生的创造力和参与热情。在完成实践教学任务后,通过对成果的严格考核和评选,我们可以将优秀作品通过网络、宣讲会等多种渠道进行展示和推广,从而实现思想政治理论课实践教学成果的可视化,并进一步扩大其育人影响。

第五章　新时期高校思想政治教育与新媒体的结合

第一节　新媒体与新媒体时代概述

随着新媒体的诞生，全球信息空间得到了前所未有的拓展，我们已然身处一个信息化网络时代。

一、新媒体概述

（一）新媒体的含义

新媒体是一个相对的概念，它是相对于“传统”或“旧”的媒体而言的。新媒体的定义并不是固定的，而是随着科技的发展而不断变化。在媒介发展史上，每一次的技术变革都会催生出新的媒体形态，这些新媒体在信息传播方式、速度和范围上都比传统媒体有更大的优势。

新媒体主要建立在数字技术基础之上，包括互联网技术、移动通信技术、数字技术等新兴科技，这些技术的应用使得新媒体能够向受众提供更快速、更广泛的信息服务。

从内涵上来看，新媒体主要是指在20世纪后期科技迅猛发展背景下出现的一种新型媒体形态。它具有信息传播范围更广、速度更快、方式更为丰富的特点。这些特点使得新媒体在现代社会中扮演着越来越重要的角色。

从外延上来看,新媒体可以分为狭义和广义两种。狭义的新媒体主要指的是互联网和移动网络,这两种媒体形态与传统的媒体有着显著的差异。而广义的新媒体则包含更多的媒介形式,如网络媒体、传统媒体运用新技术形成的新媒体形式等。

(二)新媒体的特征

1. 整合性

新媒体具有整合能力,将文本、图像、视频等多媒体元素深度融合。传统媒体如电视、广播、报纸等的数字化进程加速了资源的跨行业配置和信息的跨平台共享。例如,微信不仅是传播工具,还融合了广告、出版、电视等多种功能,展现了超媒体的发展特点。

2. 交互性

新媒体打破了传统媒体的单向传播模式,实现了信息的双向交流。在新媒体环境下,用户既是信息的接收者,也是发布者,可以实时反馈和互动。这种交互性使得信息传播更加灵活和多元。

3. 虚拟性

新媒体技术构建了一个虚拟的社交和文化场域。人们可以在网络上购物、交友,甚至构建虚拟的组织结构。了解新媒体使用者的心理和传播规律,对于维护意识形态安全、营造健康的虚拟话语空间至关重要。

4. 即时性

传统媒体的信息传播流程烦琐,从信息采集、编辑到发布反馈,需要经过一系列步骤，且受到发行周期和固定播放时间的限制。然而，基于数字技术的互联网和移动通信等新媒体彻底打破了这一模式。新媒体的信息传播和接收不再受限于特定的时间和空间，传播者和受众的界限也变得模糊，信息的发送与接收几乎能同步进行。这种新媒体环境赋予了每个人信息传播的权利，使得信息的传播更加自由、迅速和广泛。在任何时间、任何地点，只要拥有网络设备，人们就能随时接收或发布信息。此外，新媒体中的信息交流是双向的，每个人既是信息的传播者也是受众，都拥有对信息的控制权。

在当下，通信信号无处不在，我们仿佛被海量的信息包围。特别是在突发事件发生时，新媒体的优势更加明显。通过手机、微博、播客和互联网等工具的紧密结合，人们能够迅速获取并分享“第一时间”和“第一现场”的信息，大大提升了信息传播的效率和准确性。

5. 个体性

新媒体提供了个性化的信息交流与服务。在新媒体环境下，传播不再是单向的、无差别的广播，而是变得更加个性化和精准。传统的广大受众被细分为具有共同兴趣和需求的分众群体，每个人都能够根据自己的喜好和选择接收和发送信息。这种个性化的交流方式为人们提供了更加自由、便捷且有价值的沟通平台。例如，通过微信，人们可以随时向亲朋好友发送祝福和问候，或者在微信朋友圈分享自己的生活和感悟。同时，贴吧、微博等社交媒体也为人们提供了表达观点、交流思想的场所。这种个性化的交流方式特别受到年轻一代的欢迎，他们追求时尚、注重个性表达，新媒体正好满足了他们的这一需求。相较于传统媒体，新媒体的个性化特色是其无法比拟的优势，也是其吸引用户的重要因素。

（三）新媒体的发展

1. 新新媒介的涌现

随着新媒体的演进，出现了所谓“新新媒介”的概念。这类媒介，如微博、社交网络等，主要由非专业的个人用户生成内容，并提供了比传统新媒体更为自由、个性化的表达平台。这些平台的免费性、交互性和无中央控制的特点，使得每个人都可以成为信息的发布者和制作者。然而，新新媒介也带来了一系列问题，如知识产权侵权、网络谣言等。尽管“新新媒介”的定义尚未得到广泛认同，但它无疑代表了新媒体领域的一种新的探索方向。

2. 新媒体产业的成熟

新媒体产业在近年来日趋成熟。例如，2008 年北京奥运会期间，新媒体首次被纳入赛事转播体系，这标志着新媒体作为一种独立的传播渠道，其社会价值和商业价值得到了广泛认可。随着智能终端的普及，移动互联网用户不断增长，移动互联网应用如手机游戏、移动音乐等展现出巨大的发展前景。新媒体产业的发展也推动了版权保护，为产业的健康发展提供了保障。

3. 交互式媒介平台的广泛应用

从博客到微博、微信，交互式媒体的形式不断丰富，打破了传统媒体的局限。这些平台提供了即时、自主、开放和互动的信息传播方式，使得公共对话模式更加多元化。然而，交互式媒体也带来了一定的挑战，如舆论的引导和管理等。尽管如此，交互式媒体仍然为人们提供了一定程度的话语自由，对社会舆论和意识形态建设产生了深远影响。

4. 文化软实力的建设

第一，新媒体平台提供了多样化的传播渠道，如社交媒体、短视频平台等，能够迅速、广泛地传播中国的文化和价值观，增强国民的文化认同感；第二，新媒体平台使得国内外的文化交流变得更加便捷，通过新媒体，我们可以了解其他国家的文化，也可以将本国的优秀文化传播出去，扩大国家在国际舞台上的影响力；第三，新媒体技术为文化传承提供了新的方式，对我国的经济发展和文化建设具有重要意义，例如，通过虚拟现实（VR）技术，人们可以身临其境地体验传统文化；通过大数据和人工智能技术,可以更有效地保护和传承非物质文化遗产。

二、新媒体时代的到来

(一)新媒体时代已成为不可逆转的潮流

自20世纪90年代以来,信息通信技术的持续进步和大众传媒业的快速发展,共同推动了媒体形态的深刻变革。其中,新媒体的崛起与迅猛发展尤为引人注目。如今,使用智能手机等终端设备浏览网络、使用微博和微信等应用,已成为人们日常生活的重要组成部分,标志着新媒体时代已不可逆转地到来。

新媒体以其独特的魅力和功能,特别是智能手机,强烈吸引着青少年群体。微信等社交平台更是受到了广大青少年的热烈追捧。微信已覆盖大部分智能手机用户,成为他们生活中不可或缺的工具。

新媒体的快速发展对传统媒体产生了巨大冲击,导致传统媒体的用户关注度持续下降。尽管新媒体目前还无法完全取代传统媒体,但其日益普及并最终占据主导地位的趋势已成为不可逆转的潮流。

(二)新媒体时代的特点

1. 全媒体格局的形成

新媒体借助互联网的力量,特别是移动互联网的普及,使得信息传播能够覆盖更广泛的受众。无论是通过智能手机、平板电脑还是其他智能设备,人们都可以随时随地获取最新的新闻和资讯。通过互联网和社交媒体平台,新闻和事件可以在瞬间传遍全球。这种快速的信息传播方式使得实时报道和现场直播成为可能,大大增强了信息的时效性和扩大了影响力。

全媒体格局下,媒体形态呈现出多样化的特点。除了传统的文字、图片报道外,音频、视频等多媒体形态也成为信息传播的重要方式。这种多样化的媒体形态不仅丰富了信息的内容,还提高了信息的生动性和可读性。

新媒体时代，受众不再是被动的信息接收者，而是可以积极参与到信息传播和交流中。通过各种社交媒体平台，受众可以发表自己的观点和看法，与其他网友进行互动和交流。这种互动性不仅增强了受众的参与感和归属感，还促进了信息的广泛传播和深入讨论。

在新媒体时代，信息传播更加注重个性化和定制化服务，通过算法推荐和个性化设置，用户可以获取更加符合自己兴趣和需求的信息内容。这种个性化与定制化的服务方式提高了信息获取的效率和用户满意度。

2. 打破信息垄断

新媒体打破了传统媒体对信息和传播的垄断，成为突发公共事件的重要信息源，网民对信息的搜索欲望和能力增强，新媒体成为他们了解突发公共事件的主要途径。

3. 创造了平等对话的机会

新媒体为各类受众创造了平等的对话机会，成为普通民众表达利益的重要通道。不同社会阶层和群体都能在新媒体中找到发声的机会，尤其是对于那些在传统媒体上难以发声的群体来说，新媒体提供了展示和交流的平台。

4. 跨界融合成为常态

新媒体促进了跨界融合的常态化，成为消解边界的重要力量。大数据、电子商务和云计算等技术的应用为跨界融合创造了条件，新媒体不仅压缩了传统媒体的生存空间，也在推动其转型升级。同时，新媒体还在消解着媒体之间、产业之间、社群之间甚至国家之间的边界，使信息传播更加无界和高效。

第二节　新媒体时代高校思想政治教育面临的机遇与挑战

一、新媒体给高校思想政治教育带来的机遇

（一）新媒体推动思想政治教育资源的共享

随着新媒体时代的到来，思想政治教育资源达到了前所未有的共享程度。新媒体为我们带来了信息的海洋，极大地充实了思想政治教育的内容库，使之更为多彩、全面，为用户提供了更广泛的选择和更为客观的视角。此外，与传统媒体相比，新媒体的信息传递速度更快，时效性更强。这意味着教育工作者可以迅速地将关键的教育资源上传到网站、邮箱等平台，供广大学生随时访问和学习，从而显著提高了教育的效率和工作的便捷性。

不仅如此，新媒体技术还赋予了思想政治教育内容全新的展现形式。内容不再局限于传统的平面或静态形式，而是变得更为立体和动态，实现了从线下到线上的完美迁移。教育者不仅可以和学生面对面交流，还可以通过手机、电脑等智能终端与学生保持实时的互动和沟通。

值得一提的是，新媒体不仅扩大了思想政治教育的受众范围，还加强了其影响力。学生们在浏览新媒体内容时，会不自觉地接触到思想政治教育信息，从而受到其熏陶，提升自身的思想道德水平。这无疑为思想政治教育注入了活力，并提升其在实际生活中的影响力。

（二）新媒体为思想政治教育工作开辟新天地

数字技术、计算机网络和移动通信技术的完美结合，共同构建了一个庞大且高效的信息传播网络。这个网络不仅资源丰富、信息容量巨

大,还拥有极快的传输速度和出色的交互性。这为高校思想政治教育工作提供了前所未有的便利。

新媒体拉近了家校之间的距离,家长们现在可以随时随地通过新媒体平台了解孩子在校的学习和生活情况,确保孩子在思想政治教育方面得到持续且稳定的培养。同时,各高校也积极利用新媒体技术,如建立专门的思想政治教育网站,来加强对学生的思想引领和价值观塑造。

更为重要的是,新媒体不仅为高校思想政治教育提供了全新的教育平台,还催生了全新的教育模式。传统的教育方式,如课堂讲授、面对面交流等,往往受到时间和空间的双重限制。而新媒体技术的引入,使得教育内容和形式都变得更加灵活和多样。例如,通过QQ、微信、微博等社交平台,高校可以随时随地对学生进行思想政治教育,提供真正的全天候教育服务。

(三)新媒体增强了思想政治教育工作的开放性和自主性

新媒体的融入为思想政治教育工作注入了活力,显著增强了其开放性和自主性。相较于传统教育模式的封闭性和单向性,新媒体打破了这一局限,为高校思想政治教育开辟了新的道路。其多元化的信息传播渠道极大改变了过去信息来源单一的状况,为思想政治教育提供了更为广阔的平台。

在当今的新媒体时代,高校学子站在新文化的前沿,他们敏锐地捕捉新媒体带来的信息,并迅速将其转化为自身的知识和见解。这种环境赋予了他们更大的话语权,使他们在面对社会不良事件和风气时,能够勇敢地发声,积极捍卫自己的政治价值观和信仰。

在新媒体的推动下,应不断探索和尝试多样化的网络思想政治工作宣传形式,以适应日益复杂多变的网络环境。这不仅要求我们不断改进和创新工作方法,更要努力提升思想政治工作的说服力、影响力和战斗力。思想政治教育工作者应紧跟时代步伐,充分利用网络的优势,唱响时代的主旋律,为新形势下思想政治工作的开展贡献力量。

在新媒体技术的支持下,高校思想政治教育得以借助学科和教育者的力量,为大学生提供更加全面、深入的思想政治教育。新媒体所带来的平等交流环境,使得教育者与受教育者在教育过程中处于平等的地位,这种教育模式不仅尊重了受教育者的主体能动性,更激发了他们的学习主动性、创造性,为思想政治教育工作注入了活力。

(四)新媒体增强了思想政治教育的可接受性

在思想政治教育工作中,师生之间的信任是教育成功的关键。传统的教育方式中,教师往往占据主导地位,这在一定程度上阻碍了学生真实想法的表达,影响了教育的深入开展和有效性。

然而,新媒体的出现为思想政治教育工作带来了新的机遇。作为一种创新的交流平台,新媒体打破了现实与虚拟的界限,重塑了人们的交往模式。在新媒体的环境下,每个人都可以隐匿真实身份,以平等的姿态参与交流。这种角色的虚拟化使得交流者能够更自由地表达自己的观点和情感,无须有过多顾虑。

利用微博、QQ 等新媒体工具,学生可以更轻松地表达自己的想法,教师也能更深入地了解学生的真实感受和需求。这种开放、平等的交流环境有助于消除师生之间的隔阂,增强双方的信任感,从而增强思想政治教育的可接受性。

此外,新媒体还为学生提供了角色互换的可能性。在网络环境中,学生不仅可以作为信息的接收者,还可以成为信息的创造者和传播者。这种角色的多样性使得学生能够更深入地参与到思想政治教育的过程中,提升教育的针对性和实效性。

(五)新媒体技术的综合运用提高了大学生思想政治教育的时效性

评估思想政治教育的效果,其核心在于衡量教育目标和意图的达成度。为实现最佳教育效果,关键在于促进学生的内在转化。新媒体技术的综合应用为创新思想政治教育方式、推动学生内在转变提供了机会。

首先,网络信息的丰富共享为思想政治教育提供了庞大的资源库。网络上的各种信息和知识为学生提供了广阔的学习空间,使得思想政治教育内容更加丰富多样。

其次,网络传输的高效性和交流的匿名性,使教育者能够迅速、精准地把握学生的思想动态和他们所关注的焦点,从而更有针对性地进行思想政治教育。这种即时的反馈机制提升了教育的时效性。

再次,网络交流的平等性和互动性鼓励学生主动参与到对话和讨论中,将传统的单向教育转变为学生的自我教育,从而显著提高思想政治教育的实际效果。

此外,网络的无时空限制特点扩大了思想政治教育的受众范围,推动了教育的社会化进程。学生可以在任何时间、任何地点接受教育,这使得思想政治教育更加灵活和便捷。

最后,新媒体的开放性和全球性有助于培养学生的多元化观念和全球视野;网络交流的自由和平等则能够增强学生的民主和权利意识;信息的快速更新和传输可以塑造学生的效率观念、竞争意识和创新精神;网络的匿名性在减少外部约束的同时,也可以增强学生的道德自主意识。

二、新媒体给高校思想政治教育教学带来的新挑战

在新媒体时代,信息的自由流动无疑为信息传播环境注入了活力,但同时也带来了一系列扰动。这些扰动可能使媒体行为偏离规范,进而引发诸如个人隐私泄露、伦理道德冲突和信息安全问题等一系列令人担忧的困扰。对于高校大学生而言,他们正处于思想活跃、观念形成的关键时期,因此这些新媒体时代的问题对其思想、道德和政治观念构成了潜在的负面影响。这些影响可能使大学生的价值观发生扭曲,对社会的认知产生偏差,进而影响到他们未来的行为选择。

(一)新媒体信息传播的“无屏障”特性给大学生思想政治教育带来的挑战

新媒体时代的信息传播展现了一种时间、空间和资讯均无屏障的状态,使得每个人都能够轻易地发布和接收信息。然而,这种交互性也导致了网络信息纷繁复杂,真假难辨。

1. 对思想政治教育主旋律的冲击

新媒体传播的信息往往以短小精悍的形式出现,如微博、短视频等,这些信息碎片化且海量,容易分散学生的注意力。学生可能将大量时间花费在浏览这些零散的信息上,而忽略了对思想政治教育主旋律的深入学习和理解。一些与思想政治教育主旋律不符的观点和言论可能通过新媒体快速传播,对学生的主流价值观产生冲击。这可能导致学生对思

想政治教育主旋律产生怀疑或误解。学生更倾向于通过新媒体获取知识和信息,而传统的思想政治教育方式可能无法满足学生的需求。这要求教育者必须适应新媒体环境,创新教育方式方法,以更好地传递思想政治教育主旋律。

2. 违反社会道德的信息的泛滥

新媒体的开放性导致了信息的多样性,其中不乏低俗、迷信甚至反动的内容。这些不良信息对大学生的健康成长构成了严重威胁。由于网络传播的门槛较低,每个人都可以成为信息的发布者,导致大量虚假信息的存在。同时,一些网站为了追求点击率而成为非法信息的传播平台,进一步加剧了垃圾信息的泛滥。此外,网络诈骗行为也屡见不鲜,给大学生带来了极大的安全隐患。

3. 西方社会意识形态的渗透

新媒体信息传播使得不同的文化形态、思想观念既相互交融又相互冲突。然而,由于网络资源占有的不平等,某些西方国家利用新媒体对我国进行意识形态的渗透,宣扬资产阶级的民主和自由。这种渗透削弱了主流价值观的影响力,给高校思想政治教育工作带来了难度。大学生在接触这些信息时,可能会受到错误价值观的影响,从而不利于他们正确价值观的形成。

（二）新媒体的独特传播方式对思想政治教育模式的挑战

1. 新媒体使高校思想政治教育环境变得更为复杂

目前,新媒体信息传播日益显现出平等特征,能够实现信息随时随地的有效传播,许多高校学生的思维方式都会被新媒体影响,学生接触信息的渠道变得极为广泛,各种声音、观点和信息都在网络上自由流传,其中包括一些可能对学生产生消极影响的非主流观点和信息。

第一,新媒体的兴起使得信息来源变得极为广泛和复杂。在网络上,任何人都可以成为信息的发布者，这导致信息来源多种多样，质量也参差不齐。对于高校思想政治教育来说，这种多元化的信息来源使得教育环境变得难以管理和控制。学生可能从不同的渠道接收到相互矛盾或误导性的信息，从而影响思政教育的效果。

第二，信息传播变得难于掌控。新媒体具有信息传播速度快、范围广的特点。一旦信息被发布到网络上，它可能迅速被大量转发和分享，形成病毒式传播。这种快速且广泛的传播方式使得高校在思政教育过程中难以掌控信息的流向和影响。不良信息或虚假信息的传播可能会对学生的思想观念产生负面影响，进而干扰思政教育的正常进行。

第三，信息选择的引导难度加大。在新媒体环境下，学生面临着海量的信息选择，由于信息的多样性和复杂性，学生在选择时往往感到困惑和迷茫。高校在思政教育过程中需要引导学生正确选择和解读信息，帮助他们树立正确的世界观、人生观和价值观。然而，由于新媒体信息的庞杂性和学生个性化需求的增加，信息选择的引导难度也在不断加大。

2. 新媒体对高校思想政治教育的实施过程提出了新的要求

新媒体使学生可以轻易地接触到各种信息和观点，这也给学生进行价值判断时带来了困惑。当学生更多地通过新媒体表达他们的思想和需求时，教育者面临着更大的挑战。由于新媒体的匿名性，教育者难以确定学生的真实身份和需求，从而难以进行有针对性的教育。此外，尽管许多高校已经建立了自己的网站并开设了思想政治教育专栏，但由于内容、形式和语言的问题，这些网站的吸引力并不强，访问量也不大，效果并不理想。

3. 新媒体的发展对传统思想政治教育方法构成了挑战

传统的思想政治教育方法主要依赖于面对面的交流和宣讲。然而，在新媒体环境下，这种方法的效果可能会受到影响。一方面，学生现在可以在更广泛的空间和自由的时间里接受教育，这使得传统的面对面教育方法的效果变得不确定。另一方面，传统教育方法的感染力在很大程度上取决于教育者的现场表现，而在新媒体环境下，如何保持这种感染力是一个亟待解决的问题。因此,面对新媒体的特点,创新思想政治教育方法变得尤为迫切。

(三)新媒体时代给高校思想政治教育工作者的权威性带来了新挑战

鉴于大学生对新颖事物的浓厚兴趣与高度认同,他们迅速崭露头角,成为新媒体领域的积极拥趸与传播者。然而,反观教育工作者在新媒体技术领域的认知、技能及观念的更新上,可能存在一定的滞后性,这使得他们在信息获取方面处于相对劣势的地位。

因此,教育工作者对新媒体技术的熟练掌握与灵活运用,显得尤为关键。这不仅关乎他们自身信息素养的提升,更对大学生思想政治教育的发展具有深远的影响。通过加强新媒体技术的培训与学习,教育工作者可以更加有效地引导大学生正确理解和使用新媒体,从而推动思想政治教育的创新与发展。

1. 新媒体时代挑战了思想政治教育工作者的信息优势

在传统的大学生思想政治教育中,教育工作者在理论和历史知识方面具有明显优势,且通过对传统媒介的熟练运用,他们在教育过程中占据主导地位。然而,新媒体的崛起打破了这种格局。大学生利用新媒体快速获取和吸收所需信息,这使得教育工作者的信息优势受到挑战。教育者和受教育者的关系逐渐从隶属转变为平等学习和互相促进,这对传统教育工作者的主体地位构成了威胁。

2. 新媒体时代对教育工作者的知识结构提出了新要求

新媒体技术的出现,使得大学生的知识获取方式更加多样化和自主化。他们可以通过新媒体接触到更广泛的观点和信息,从而增强了自主学习能力和判断力。这要求教育工作者不仅要有扎实的专业知识,还需要具备跨学科的知识和新媒体技能,以适应学生知识结构的多元化需求。

3. 新媒体时代对教育工作者的素质提出了更高要求

在新媒体时代,思想政治教育工作者的素质要求不仅包括思想、政治和文化素质,还包括网络素质和筛选信息的能力。为了有效引导学生通过网络获取正确信息,教育工作者需要具备较高的网络素养和信息筛选能力。因此,建设一支具备高素质、熟悉网络并能熟练操作多媒体的思想政治教育工作队伍,是新媒体时代下解决大学生思想政治教育困境的关键。

第三节　结合新媒体提升思想政治教育实效性的路径

一、提升高校思想政治教育者的素质

(一)强化学校党委对高等院校新媒体构建的统一领导

习近平总书记在重要会议上多次重申"党管媒体"的原则,并强调媒体应坚持正确的舆论方向,积极传播正面的中国故事、中国精神。高校党委,作为党的教育使命的承载者,必须深刻理解新媒体对学生思想的深远影响,并积极利用新媒体的正面效应,将思政教育扩展到新媒体领域,确保党的理论和政策深入学生心中。

为了有效实施这些措施,首先,高校党委应增加对新媒体建设的专项资金投入,确保新媒体平台能够持续、有效地运行,避免其成为摆设。其次,应注重培养具备新媒体操作能力的教师队伍,通过培训和技术支持,提升他们的新媒体宣传能力。最后,建立健全学校新媒体运行机制,明确各部门和人员的职责,促进团队协作,充分发挥新媒体在思政教育中的积极作用。

（二）培养高素质的高校思想政治教育的教师队伍

教师，作为智慧的传递者，首先必须自己深刻理解并坚信所传授的知识。在从事思想政治教育工作时，教育者不仅要有深厚的专业素养，还需在新媒体环境下展现出深刻的政治觉悟、扎实的理论功底、强大的工作能力，以及令人敬仰的人格魅力。

1. 政治素质

在新媒体的大潮中，信息五花八门，其中不乏与主流价值观相悖的内容。这就要求教育者具备坚定的马克思主义信仰，明确的政治方向，以及卓越的政治素养。他们应当在新媒体上积极传播正确的马克思主义观点，坚守自己的政治立场，引导网络舆论走向正面。

2. 理论素质

教育者需要深入掌握马克思主义基本原理和党的方针政策，能够运用这些理论来批判新媒体中的错误思想。同时，他们还应了解新媒体的特点和学生在网络中的行为模式，以便更有效地与学生沟通，找到思政教育的切入点。

3. 工作能力素质

思政工作者需要具备优秀的组织、表达和分析能力。在新媒体环境下，他们应能敏锐观察学生的网络动态，有针对性地组织网络活动，创新宣传方式，如制作公众号内容、直播等，以增强学生的兴趣。具体可以通过以下方法：

（1）引导与疏通法

第一，提升媒介素养。思政工作者应坚定政治方向，深入学习领会政治理论，确保在运用新媒体进行思政工作时，能够准确把握政治方向和价值取向。面对新媒体环境中纷繁复杂的信息，思政工作者需要学会甄别真伪，引导受众正确辨别信息，防止错误思想的蔓延。

第二,注重内容创新。思政工作者应深入基层的实际生活,了解群众的真实需求和思想动态,从而有针对性地创新思想政治教育内容。在创作思政内容时,应充分利用新媒体的特点,如时效性、互动性、多媒体形态等,使内容更加生动、有趣,提高受众的参与度和接受度。

第三,发挥融合效能。思政工作者应学会利用传统媒体的内容优势和新媒体的传播优势,实现两者之间的有机融合,打造契合当前思想政治工作特点的新载体。通过多种新媒体平台(如微博、短视频、网络直播等)进行思政内容的传播,扩大影响力,提高思政工作的实效性。

第四,掌握引导与疏通艺术。在思政工作中,思政工作者应努力营造一种相对宽松、和谐的氛围,使受众在没有顾虑和负担的情况下表达内心的想法和意见,并对受众所表达出来的意见和观点进行整合,肯定其中正确和符合社会发展的部分,对偏离社会发展轨道的思想进行引导和纠正。

(2)模范示范法

第一,树立模范榜样,从思政工作队伍中选拔出表现突出的个体,作为模范榜样。这些榜样应在新媒体环境中展现出卓越的思政工作能力和高尚的职业道德。通过新媒体平台,积极展示模范思政工作者的教育成果、工作经验和成功案例,以激励其他思政工作者向榜样学习,提升自身的专业素养和工作能力。

第二,推广优秀实践经验,组织模范思政工作者通过新媒体平台分享他们的工作经验、方法和技巧,这种分享可以是以文字、图片、视频等多种形式进行,以便其他思政工作者能够直观地学习和借鉴。利用新媒体的互动性,定期组织线上交流活动,邀请模范思政工作者参与讨论,解答其他思政工作者在实际工作中遇到的问题,提供指导和建议。

第三,建立激励机制,对在新媒体环境下表现出色的思政工作者给予表彰和奖励,以激励他们继续努力,并鼓励其他思政工作者向他们看齐。为模范思政工作者提供更多的晋升机会,让他们在新的岗位上继续发挥示范作用,同时激励其他思政工作者努力提升自己的能力,得到更好的职业发展。

第四,加强培训与学习。针对新媒体环境下的思政工作特点,组织专业培训课程,邀请模范思政工作者担任讲师,分享他们的实践经验和成功案例。提供丰富的学习资源和平台,鼓励思政工作者利用业余时间自主学习新媒体知识和技能，以便更好地适应新媒体环境下的思政工作要求。

（3）激励与感染并用法

思政教育的目标是让学生接受并认同教育者对他们产生的影响，并认识到这些影响对他们的成长是有益的。通过激励的方法，可以让学生意识到某些行为的正确性；通过感染的方法，可以以情动人，将道理融入情感之中。新媒体传播先进事迹本身就是一种激励和感染学生的方式。通过视频、图像、音乐的渲染，更能增强学生的感染力，让他们身临其境地感受先进事迹的力量。这些事迹不仅体现了中华优秀文化和社会主义核心价值观的强大作用，还传递了积极向上的力量，彰显了思政教育在培养具有家国情怀和民族大爱的中国人方面的重要作用。

（4）引入启发式教学法

启发式教学法是一种注重学生主动参与和思考的现代教学策略。在这种教学模式下，教师的角色转变为引导者和促进者，而不仅仅是知识的传递者。通过提出开放式问题和设定情境，教师鼓励学生积极思考、讨论和辩论，从而培养他们的批判性思维和问题解决能力。

新媒体环境下，在实施启发式教学法时，教师可以利用新媒体设计一系列的活动，让学生在小组中合作，共同探讨问题。例如，在讨论环节，教师可以提出一个复杂的社会问题，并要求学生先对其进行分类和排序，明确问题的优先级，然后逐一分析和解决。这样的过程不仅锻炼了学生的组织和规划能力，还有助于他们在实际讨论中形成共识，提升团队协作精神。

启发式教学法强调通过比较、分析和推理等方法，引导学生深入理解知识点。比如在历史课程中，教师可以组织学生围绕特定的历史事件进行深入讨论，分析其背后的社会、经济和政治原因，以及它对当代社会的影响。这种分组讨论的方式能够有效地拓宽学生的视野，提高他们的分析能力和解决问题的能力。

为了进一步激发学生的创造性思维，教师还可以通过新媒体设计一些具有挑战性的问题和任务。通过运用头脑风暴法、团体列名法、鱼骨图法、六顶思维帽法等多样化的研讨方法，学生能够自由地表达自己的观点和想法，从而培养他们的创新能力和想象力。

4. 高尚的人格魅力

教育者的人格魅力是吸引学生的重要因素。他们应通过自身的言行来践行社会主义核心价值观,成为学生的榜样。在网络世界中,这种魅力能够转化为“舆论领袖”的影响力,引导学生形成正确的价值观和态度。

二、在高校思想政治教育中提升学生的媒介素养

(一)培养学生的媒介素养,提升媒介利用能力

为了增强思想政治教育的实效性,我们不仅需要关注教育者的教学水平和教育者与受教育者的有效互动,更要重视学生自身的知识储备和信息素养。学生应具备“相应的知识准备与接受力”,这意味着学生需要了解新媒体知识,熟悉新媒体环境,并掌握甄别新媒体信息的能力,以及能够熟练运用新媒体工具。

在新媒体时代,网络信息纷繁复杂,各种价值观和信息交织在一起,对学生的观念和判断产生一定影响。由于大学生社会经验相对较少,他们可能更容易受到不良信息的诱导。因此,我们必须着力培养学生的媒介素养,提升他们的媒介使用能力,以帮助他们在新媒体环境中更有效地筛选和利用信息。

首先,学校应开设专门的媒介素养教育课程,将媒介素养教育与计算机技能教学相结合,帮助学生在掌握实用技能的同时,提升对媒介信息的辨识能力。其次,定期举办关于新媒体的讲座和知识竞赛等趣味活动,通过实践操作来提升学生利用新媒体的能力。最后,我们还应加强对学生的网络道德和法律教育,培养他们成为具有高度道德自觉和法治精神的社会主义公民。

(二)尊重学生的媒介话语权,使其有效参与思想政治教育

为了确保学生有效参与思想政治教育活动,我们必须尊重他们的主

体性，给予他们充分的话语权。社会参与理论认为，为受众提供说话的平台可以让他们更好地理解和接受观点。因此，在思想政治教育过程中，我们应积极改变传统的教学模式，让学生成为课堂的主人，鼓励他们积极表达自己的观点。

为了实现这一目标，我们可以采取以下措施：首先，利用新媒体平台，如学校官方网站、微信公众号等，为学生提供一个自由表达心声的渠道，同时注意收集和回应学生的诉求，以提高工作的针对性。其次，教师可以在班级群等社交媒体上定期设置议题，引导学生展开讨论，鼓励他们畅所欲言、各抒己见。此外，还应充分利用学校微信公众号、抖音账号等新媒体平台的留言功能，鼓励学生发表自己的见解和看法，以增强学生的归属感和参与感。

三、优化高校思想政治教育的内容

（一）增加高校思想政治教育内容的吸引力

高校思想政治教育的内容涵盖政治、思想、道德和心理教育等多个方面，其中政治教育占据主导地位。为了更有效地传达这些内容，我们需要增加其吸引力，使学生能够主动接受并内化。

首先，政治教育应坚持以理想信念为核心，通过生动的案例和实践活动，帮助学生树立坚定的中国特色社会主义理想，学会运用马克思主义的立场、观点和方法分析与解决问题。加强对学生的理想信念教育，让他们在实际行动中感受和理解社会主义核心价值观。

其次，思想教育应注重培养学生的独立思考和科学思维能力。通过引导学生正确处理自己与世界、社会及内心世界的关系，帮助他们树立正确的世界观、人生观和价值观。思想教育是一个长期的过程，需要持续进行，以使学生形成正确的思维方式，为未来的社会生活做好准备。

再次，道德教育应着重培养学生的良好品德修养和社会责任感。面对社会变革和网络信息泛滥的挑战，我们需要加强学生的道德教育，引导他们在未来的社会生活中更好地融入社会，成为新时代的合格公民。

此外，心理教育也是不可忽视的一环。通过培养学生理性平和的心态和乐观积极的精神状态，帮助他们正确处理人生中的各种矛盾和挑战。特别是在网络环境下,我们需要关注学生的心理健康,及时进行心理疏导,避免孤僻、厌世、悲观等负面情绪的出现。

最后,为了增加教育内容的吸引力,我们还可以利用新媒体技术的优势,对传统教育内容进行形式上的创新。例如,通过课堂播放视频、歌曲 MV、动画等方式,增加学生对思想政治教育内容的兴趣。同时,我们也可以借鉴网络流行语言和文化元素,用贴近学生喜好的方式传授教育内容,使学生在轻松愉快的氛围中接受思想政治教育。

(二)增强高校思想政治教育内容的时代性

为了培养能够担当民族复兴大任的时代新人,我们需要不断创新思想政治教育内容,赋予其新时代特征。这要求我们用以习近平新时代中国特色社会主义思想为核心的中国特色社会主义理论来武装学生的头脑。

首先,我们需要关注受教育者的接受意愿和兴趣点,使思想政治教育内容符合这个时代学生的需求和特点。通过选取具有时代性的教育内容和案例,引导学生主动选择、吸收和内化思想政治教育内容。

其次,我们应利用新媒体平台推送时政要闻和英雄事迹等富有时代气息的内容。这不仅可以让学生了解国家的发展方向和时事动态,还能激发他们的爱国情怀和责任感。

最后,我们还需要关注个体差异,尊重每个学生的独特性和创造性。在共同奋斗目标的引领下,发挥学生的主动性和创造性,促进共同目标的实现。通过新媒体技术,将思想政治教育内容以时代化的语言传达给学生,使他们能够更好地认同和接受这些内容。

四、创新高校思想政治新媒体教育载体

(一)构建响应新风尚的校园新媒体平台

为了更有效地进行思想政治教育,必须寻找和创新教育的载体。载体在教育活动中起着至关重要的作用,它是连接教育者和受教育者的桥梁,是实现教育目标的重要手段。在这个新媒体时代,校园新媒体平台

成为高校思想政治教育的新阵地。

鉴于高校学生在新媒体上的高度活跃，高校应该积极构建和优化校园新媒体平台，以占领网络宣传的重要阵地，引领主流价值观，进而培育良好的校风学风并塑造一个积极向上的教育环境。第一，高校要强化新媒体平台建设，提升平台吸引力，重点打造学校官方网站、微博、微信公众号等新媒体平台，确保其内容既具有政治性和科学性，也不失趣味性。注重平台页面的美观和设计感，同时保持稳重，以符合高校的学术和教育氛围，实现教育与娱乐的有机结合。第二，注重平台内容创新与推送，通过学校微博、微信公众平台等定期发布校园原创内容，如学生创作的歌曲、视频、文章等，展示学生的才华和创造力，及时推送校园内发生的重要事件和活动，让学生随时了解学校最新动态，增强学生对校园的归属感和参与感。第三，通过新媒体平台积极传播正能量，弘扬社会主义核心价值观，引导学生形成正确的世界观、人生观和价值观，鼓励学生在新媒体平台上进行理性讨论和辩论，提升学生的媒介素养和批判性思维能力。第四，增强互动与反馈，设置专门的互动区域或话题讨论区，鼓励学生提出意见和建议，增强学生与学校的沟通与交流，对于学生提出的问题和建议，学校应及时给予回应和处理，形成良好的互动氛围和信任关系。

同时，大学文化是高等学府的灵魂，高校需要利用新媒体技术传播和弘扬大学文化。可以通过建设“校园文化网上展馆”，将学校的校友人物、标志性雕塑、历史事件等进行数字化高清重现，让学生随时随地在校园网点击观看，感受校园文化的魅力。

（二）思想政治理论课堂案例教学与新媒体技术的融合

为了达到思想政治教育的教学目标，提升教育效果，教育者应选择有效的教育载体。新媒体技术的出现为思想政治教育提供了新的可能。高校可以借鉴早期马克思主义者利用载体宣传马克思主义的经验，运用新媒体技术创新思想政治教育方式。

在思想政治理论课堂案例教学中，可以融合新媒体技术，如使用微视频、短视频等形式来呈现案例。这些新媒体形式具有直观、生动的特点，能够吸引学生的注意力，提高他们的学习兴趣和参与度。同时，也可以利用新媒体技术进行直播教学，让学生在线参与交流讨论，解答学生的实时疑问，增强思想政治理论课堂的互动性和实效性。

五、优化高校思想政治新媒体教育环境

（一）打造清朗的网络新空间

环境对人的影响是多方面的，特别是在网络信息技术迅猛发展的今天，大众传媒带来的海量信息无差别地涌入人们的主观世界，影响着人们的思想观念和看待事物的方式。为了防止学生受到不良信息的侵扰，必须努力创造一个清朗的网络环境。这需要高校积极倡导网络主旋律，对有害信息进行严格的管控，防止其对学生造成负面影响。同时，也要倡导网络先进文化，抵制错误观点的蔓延，确保学生在一个健康、积极的网络环境中成长。

另外，要注意到网络游戏对学生可能产生的负面影响。虽然游戏可以为学生带来乐趣，缓解学业压力，但过度沉迷于网络游戏可能导致学生与现实脱节，甚至荒废学业。因此，应当教育学生理性对待网络游戏，鼓励他们更多地投入现实世界中，努力奋斗，成就美好人生。

（二）加强网络道德教育

我们致力于培养"四有"新人，其中包括"有道德"这一重要素质。在当今社会，网络道德同样重要。为了提升学生的网络道德素养，我们需要从多个方面入手。

第一，加强网络道德课程建设。在学校的课程中加入网络道德教育的内容，让学生在学习知识的同时，了解网络道德规范和正确行为。针对大学生道德教育的盲区，适当地开设相关课程，提高其辨别是非的能力，引导他们形成积极的网络道德认知和情感。

第二，拓展德育网络建设。高校应构建多方道德教育工作格局，形成全社会共同参与网络道德教育的良好氛围，并充分利用各种媒体渠道宣传网络道德教育的重要性，增强人们的道德意识。

第三，开展实践活动与互动。组织网络道德主题的实践活动，如网络安全知识竞赛、网络文明志愿者活动等，让学生在实践中掌握网络道

德规范。利用社交媒体等平台开展网络道德主题讨论，引导大学生网民积极参与，形成正确的网络道德观念。

作为国家发展的后备军，大学生的素质决定了国家发展的质量。因此，我们必须重视新媒体时代下的思想政治教育工作，确保学生全面掌握知识和技能。只有这样，他们才能在激烈的竞争中游刃有余地应对各种挑战。

六、完善高校思想政治教育的新媒体管理机制

（一）强化对高校新媒体内容发布的管控

制度是静态的框架，而机制则是动态的操作方式。这两者相互依存，制度为机制提供指导，而机制则确保制度的有效实施。为了更有效地进行高校思想政治教育，我们需要完善新媒体管理机制，特别是内容发布的管理。

第一，要建立和完善高校新媒体内容编辑与发布的流程。这一流程应确保内容创作者具备良好的政治和理论素养，以创作出富有正能量的内容。同时，内容的发布应经过严格的审核，由学校管理人员进行初步审核，再由新媒体负责人进行最终把关，确保所有发布的内容都符合思想政治教育的方向和标准。

第二，要构建高校新媒体传播网络，包括校园网站、微信公众号、微博、抖音等各种平台。这些平台应形成联动，及时发布学校和学院的最新动态，推送学生喜爱的信息和内容，如娱乐活动、趣味文章和理论解读等，从而加强对学生的思想引领。

第三，强化校园新媒体环境监管。高校应建立一套完善的监管机制，包括严格的内容审核与过滤系统，保证发布在新媒体平台上的内容符合教育价值观和道德规范。要不断提升技术水平，运用先进的数据加密、用户验证以及大数据和人工智能技术，来实时监测平台活动并处理异常情况。要加强用户教育，提高学生网络信息辨别能力和自我保护意识，并建立快速反应机制以应对不良信息或网络攻击，这些都是必不可少的措施。通过与政府部门、网络监管机构以及其他高校的合作与联动，共同应对新媒体环境中的挑战。

（二）优化对高校新媒体工作反馈的处理

为了更有效地处理高校新媒体工作的反馈，第一，高校应建立专门的反馈渠道，在高校新媒体平台上设置显眼的反馈入口，如"意见反馈"按钮或邮箱链接，方便用户随时提交反馈，可以考虑设立在线客服或智能机器人，即时回应用户的问题和反馈。第二，完善反馈的分类与标签系统，对用户反馈进行细致的分类，如内容建议、技术问题、用户体验等，以便有针对性地处理，使用标签系统对反馈进行标记，便于后续的数据分析和问题追踪。第三，要设定明确的处理流程，包括接收、分类、处理、回复等步骤，通过标准化的操作来提高处理效率。可针对常见问题形成 FAQ（常见问题解答）库，减少重复回答的工作量，利用自动化工具或 AI 技术辅助处理反馈，如自动回复机器人或智能分类系统进一步减轻人工负担。在处理过程中，必须始终注重用户隐私保护，确保信息安全。第四，定期的数据分析和用户满意度调查也是不可或缺的环节，它们能帮助我们深入了解用户需求，从而针对性地优化新媒体平台的功能、内容和用户体验。通过这些综合措施，我们可以全面提升高校新媒体工作反馈的处理水平，这将有助于我们更全面地了解学生的需求，发现潜在问题，并进一步完善新媒体管理机制，以提升高校思想政治教育的效果和质量。

第六章　新时期高校思想政治教育工作质量评价

第一节　高校思想政治教育工作质量评价的内涵与功能

一、高校思想政治教育工作质量评价的内涵

高校思想政治教育质量评价，作为衡量思想政治教育工作效果的重要方式，必须紧密跟随并回应这些变革。因此，在新的实践环境下，高校思想政治教育质量评价也展现出了新的实践特点和表现。

（一）以政策文件作为核心指导

国家层面相继发布《关于加强和改进新形势下高校思想政治工作的意见》《高校思想政治工作质量提升工程实施纲要》《新时代高校思想政治理论课教学工作基本要求》等文件，从各自的角度为高校思想政治教育质量评价提供了有力的政策支撑和实践指导。这些政策文件是党中央、国务院及其相关部门对思想政治教育工作提出的具体要求，具有高度的权威性和指导性，不仅传达了党和国家对高校思想政治教育工作的期望和要求，也为高校开展思想政治教育工作提供了明确的指导和方向。

政策文件涵盖了高校思想政治教育的各个方面，包括校园文化、师资队伍、学术研究、组织建设、网络思政以及基层党建等。这些方面都是

高校思想政治教育工作质量评价的重要内容,政策文件为这些方面的评价提供了明确的操作指南和实施标准。

国家发布的这些政策文件是根据时代的发展和社会的变化不断更新和完善的,因此具有高度的时效性。高校思想政治教育工作质量评价需要响应政策文件的号召,及时调整评价指标和方法,以确保评价结果的准确性和有效性。这些政策文件不仅为高校思想政治教育工作质量评价提供了标准和依据,更具有重要的导向作用。它引导高校在思想政治教育工作中始终坚持正确的方向,注重实效性和创新性,不断提升思想政治教育工作的质量和水平。

(二)以标准规范作为关键支撑

高校思想政治教育工作质量评价已经历了一段发展历程,从最初的基础评价手段到如今的综合测评体系,每一步都标志着其逐步成熟与完善。特别是在 20 世纪 90 年代,德育工作标准的提出为高校思想政治教育工作质量评价奠定了基础。进入 21 世纪,北京等地率先尝试对高校思想政治教育进行质量评估,为全国范围内的推广积累了宝贵经验。

2012 年,中宣部、教育部联合发布了《全国大学生思想政治教育工作测评体系(试行)》,并推动 2000 余所高校进行自我测评,这标志着新时代高校思想政治教育工作质量评价工作的正式启动。随后的全国性测评以及教育部不断更新与发布的“标准”规范,都是在此基础上的继承与深化。这些“标准”规范的评估标准更加详细和具体,形式上聚焦于思想政治教育的不同领域和模块。

从更深层次的结构角度来看,这些“标准”规范通过明确高校思想政治教育工作质量评价的各项细节要求,使得评价体系的要素更加完备。它们及时反映了思想政治教育理论与实践的最新进展,为教育主管部门和学校在建设思想政治教育工作体系时提供了明确的指引。

从逻辑关系进行深入剖析,我们可以清晰地看到,“标准”规范实质上是对政策文件的具体化与操作化转译。这一过程涉及对政策文件的深度解构、细致筛选以及精准提炼,旨在将政策要求转化为更为精确且具备高度可操作性的指导内容。通过这一转化,政策文件的执行效率和实施效果得到了显著的提升,使得政策能够更为精准地落地生根,发挥出其应有的效能。

因此，"标准"规范的制定与更新工作，不仅是对政策文件贯彻落实的进一步强化，同时也是高校思想政治教育工作质量评价体系中不可或缺的重要支撑。它们为高校思想政治教育工作提供了明确的方向指引和评价标准，确保了思想政治教育工作的规范化和标准化，从而推动其质量的不断提升。

（三）以事实评价为主体格局，兼顾效果评价

在高校思想政治教育工作质量评价中，主要依据实际工作情况、客观数据和可观测的行为来进行评判。这种评价方式强调对思想政治教育工作的具体实践、操作流程和实际成效的客观记录与分析，以此来衡量和评价工作的质量。

第一，事实评价关注的是思想政治教育工作开展的实际情况，包括课程设计、教学活动的实施、学生参与情况、教师的教学方法等。评价者通过收集这些实际工作的数据和信息，形成对工作质量的客观判断。

第二，在事实评价中，数据是决策的基础，通过收集和分析各种数据，如学生的参与度、满意度、学习成绩等，可以更加科学、客观地评估思想政治教育工作的效果，进而为改进工作提供数据支持。

第三，事实评价追求的是客观性和公正性，要求评价者摒弃主观偏见，严格依据事实和数据进行评价，这种方式能够减少人为因素的干扰，使评价结果更加真实可信。

第四，虽然事实评价强调对工作事实的考察，但它也关注工作的最终效果。在评价过程中，既要关注工作的具体执行过程，也要关注工作所取得的实际效果，从而全面评估思想政治教育工作的整体质量。

具体到实践，大部分的测评标准都是基于事实评价。同样，《高等学校思想政治理论课建设标准》中的多个层级指标，如领导体制、机构建设等，也主要以事实评价为标准。在《高等学校马克思主义学院建设标准》中，事实评价标准的比例也明显高于效果评价标准。此外，《普通高等学校学生党建工作标准》等其他相关规范中，事实评价同样占据主体地位。

二、高校思想政治教育工作质量评价的主要功能

在新时代,高校思想政治教育工作质量评价承载着多重功能,主要体现在导向、调控和激励三大方面。

(一)导向功能

思想政治教育工作质量评价如同引领前行的“指南针”,它不仅为上级主管部门和管理者提供决策依据,还为教育工作者指明方向。这一评价体系以正确的思想、政治、道德理论为指导,旨在提高受教育者的思想、政治、道德素质,促进其全面发展。通过评价,可以确保思想政治教育工作始终沿着正确的政治方向前进,坚持马克思主义的指导地位,并引导学生树立远大理想,坚定信念,增强“四个自信”。同时,评价还能及时纠正工作偏差,确保思想政治教育工作始终按照既定目标开展。

(二)调控功能

思想政治教育工作质量评价涉及对人的评价,因此具有一定的复杂性。然而,通过定量与定性相结合的评价方法,可以在一定程度和范围内进行相对准确的评价。这种评价为思想政治教育工作者提供了反馈,使他们能够根据工作目标及时调整教育教学内容、方法和过程。同时,评价还为上级主管部门提供了客观、真实的评价数据和信息,有助于做出更科学的管理决策。

(三)激励功能

思想政治教育工作质量评价形成的结论,无论是肯定还是否定,都具有激励作用。肯定的评价能够激发思想政治教育工作者的积极性和创造力,激励他们继续努力提升工作质量。而否定的评价则能促使评价对象认识到自身存在的问题和差距,进而明确奋斗目标和努力方向。这种外部推动力有助于促进思想政治教育工作的不断创新和改革,从而实

现工作质量的持续提升。通过这种周期性的质量评价，可以形成一个闭环过程，推动思想政治教育工作不断向前发展。

第二节　高校思想政治教育工作质量评价的过程

一、高校思想政治教育工作质量评价的准备阶段

在高校思想政治教育工作质量评价的准备阶段，我们不仅需要明确评价的目标和内容，构建合理的评价指标体系，还需要选择合适的评价方法，并收集必要的评价数据。这一阶段的工作至关重要，它奠定了整个评价过程的基础，为后续的实施评价、结果反馈以及持续改进提供了坚实的支撑。这一阶段的工作主要有以下几点。

（一）确立清晰的评价目标

思想政治教育工作质量评价的首要目标在于清晰地界定我们所期待的评价成果，从而解答“为何评价”这一核心议题。在新时代背景下，思想政治教育工作承载着崭新的使命，即以习近平新时代中国特色社会主义思想为指引，强化思想政治教育的思想武器功能，凸显其在教育中的核心地位。我们将立德树人作为教育工作的核心任务，并将思想政治工作深刻融入教育教学的每一个环节。

高校教育的根本宗旨在于培养一批能够全心全意为人民服务、为中国共产党治国理政提供有力支持、为巩固和发展中国特色社会主义制度添砖加瓦，以及为改革开放和社会主义现代化建设贡献力量的优秀人才。为了实现这一目标，我们必须借助思想政治教育工作，及时传达党和国家的方针政策，坚定“四个自信”，并以社会主义核心价值观为纽带，凝聚人心，激发广大学子为建设社会主义现代化强国而努力奋斗的豪情壮志。因此，在评价思想政治教育工作的质量时，不仅要关注其在教学中的实际效果，更要深入剖析其如何有效地将党的方针政策融入学生的日常学习和生活中，如何通过丰富多彩的实践活动，提升学生的思想政治素养，以及如何通过社会主义核心价值观的引领，培养学生成为

具有坚定信仰、崇高品德、扎实学识和强大能力的新时代好青年。

评价的具体目标包括三个方面：一是确立新时代思想政治教育的目标和地位，确保其与社会发展紧密相连；二是构建全党全社会共同参与的思想政治教育工作格局，丰富教育内容，创新教育方法，提升教育的针对性和实效性；三是为思想政治教育工作的科学决策提供数据支持，探索教育规律，及时发现问题并改进，全方位检视思想政治教育的效果，为未来的教育工作提供有价值的参考。通过这一系列目标的确立，能够更加精准地进行思想政治教育工作质量评价，推动教育工作的持续改进和创新发展。

（二）制定详尽的评价实施方案

制定详尽且实用的思想政治教育工作质量评价实施方案，是准备阶段不可或缺的一环。该方案应设计合理、内容全面，既要简洁明了，又要具备高度的可操作性。这一方案需要全面考虑评价的目标、内容、组织机构、指标体系、评价方法以及数据收集与分析计划等诸多方面的要素。

首先，要明确评价的核心目标和涵盖的内容范围，这不仅仅局限于教学成绩，更涉及教学理念是否先进、课程设置是否合理、师资队伍是否专业、教学方法是否创新以及教育环境是否有利于学生学习等多个维度。全面的考量有助于高校更准确地把握思想政治教育工作的整体质量。接下来，建立专门的评价工作领导小组，并为其配备专业且有责任心的执行人员，这个小组将全程监控评价的每一个环节，确保每一步都严格按照方案进行，保证评价结果的公正性和客观性。方案的制定，需要设计一套科学、合理的评价指标体系，既要包含可以量化的指标，如学生的满意度、教师的出勤率等，也要有定性的分析，如教学内容的深度和广度、教学方法的创新性等。同时，还要根据实际情况，灵活选择问卷调查、深度访谈、课堂观察等多样化的评价方法，以便更全面地收集信息，更准确地反映思政教育的真实状况。此外，要明确数据的来源，规范数据的处理方式，让每一份数据都能得到有效的利用。最后，将这一切细节和规划整合成一份详尽的评价实施方案文档，这份文档将成为我们评价工作的指南针，引导思想政治教育工作评价人员有序、高效地完成任务。

（三）进行有效的思想动员与组织专业培训

全面且深入地对所有即将参与思想政治教育工作质量评价的人员进行思想动员是至关重要的。此步骤的核心在于引领大家从“为谁培养人、培养什么样的人、怎样培养人”这一具有战略意义的视角出发，深入剖析并深刻理解新时代下思想政治教育工作质量评价的重要性。

高校应紧紧围绕“立德树人”这一根本任务和时代赋予的崇高使命，进一步深化对质量评价深远意义的认知，激发广大参与者的积极性和主动性，促使他们以更加饱满的热情和健康的心理状态，秉持公平、公正、实事求是的基本原则，全身心地投入质量评价工作中去。

同时，组织专业的培训不可或缺。高校要为所有参与评价的人员详细讲解思想政治教育工作质量评价的目的、相关政策，以及评价的理论与方法。通过培训，大家将更深入地理解质量评价标准与指标体系的设计初衷和目标，掌握评价实施方案的各项具体要求，并熟记于心。此外，还将教授大家如何有效收集和处理质量评价信息与资料。

经过这一系列深入细致的思想动员与精心设计的专业培训，所有参与人员能够切实做到自觉遵守质量评价工作的各项纪律要求，持续增强对质量评价工作的深度责任感和崇高使命感。这样一来，不仅能够确保评价工作稳步有序开展，还能为提升思想政治教育工作的整体水平贡献每个人的智慧和力量。在大家的共同努力下，通过严格遵守纪律、不懈追求质量，定能推动评价工作不断迈向新的高度，为提升思想政治教育工作的质量提供坚实保障，共同书写思政教育事业发展的新篇章。

二、思想政治教育工作质量评价的实施阶段

思想政治教育工作质量评价的实施阶段不仅是对思政教育成果的持续追踪与深度审视，还是搜集真实信息和第一手资料的重要途径。通过这一过程，高校能够基于事实和数据进行准确的判断，及时发现并深入剖析存在的问题。

(一)多渠道搜集第一手资料和真实信息,确保评价的客观性

为了有效地进行质量评价,首先需要从多个渠道搜集关于评价对象的第一手资料和真实信息。以下是我们常用的几种方法。

1. 观察法

观察法是一种直接且具体的信息搜集方法。评价者通过有目的、有计划的深入观察,能够获得关于思想政治教育活动的直观信息。这种方法可以分为自然观察和实验观察,前者在自然状态下进行,能够捕捉到真实的场景;后者则通过一定的控制和干预来满足特定的评价需求。此外,根据观察方式的不同,还可以分为局外观察和局内观察。局外观察以旁观者的身份进行,能够保持一定的客观性;而局内观察则允许评价者深入活动现场,获取更深入的体验和感受。

2. 访谈法

通过与相关人员进行面对面的沟通,评价者可以深入了解他们的观点、感受和经历。访谈法既可以是正式的、结构化的访谈,也可以是非正式的、开放式的交谈。根据访谈的需要,可以采取不同的形式,如程序式访谈和自由式访谈,个别访谈和集体访谈,以及直接访谈和间接访谈。访谈法的优点在于其具有灵活性和一定深度,但也需要评价者具备良好的沟通技巧和访谈能力。

3. 问卷法

问卷法是一种以书面形式向被调查者发出问卷,通过他们的回答来获取信息的方法。问卷的设计至关重要,需要确保问题的准确性和有效性。问卷法可以广泛地收集信息,且不受时间和空间的限制。然而,其局限性在于容易受到被调查者主观因素的影响,以及问卷回收率和有效率具有不确定性。

4. 文献档案法

通过查阅相关的文献资料、档案材料和影像视频等制品，评价者可以获取大量的历史信息和背景资料。这些资料包括工作计划、实施方案、会议纪要、教学大纲、课程设置等，能够为评价提供全面的背景支持。然而，需要注意的是，有些档案资料可能经过人为加工或处理，因此需要谨慎参考。

（二）进行资料分析与信息处理，作出价值评判

通过多元化的方法如观察、访谈、问卷调查以及文献档案等收集到原始资料和信息后，接下来的核心任务是对这些数据进行统计和分类。这一步骤涉及将琐碎的数据和文字信息进行有序整理，以符合我们的评价标准和指标体系。

1. 文字信息的精细处理

处理文字信息时，必须坚守客观、真实、准确和完整的原则，以确保信息的高质量和实用性。首先，要对所有通过不同方法收集到的文字资料进行严格审核，验证其真实性。任何经审核确定为虚假的信息都将被排除在评价之外。同时，需要结合资料的内部逻辑、来源以及实践经验来综合评估这些信息是否与评价目标、标准和要求相吻合，资料应真实反映评价对象的实际工作状况，确保其客观性和可靠性。其次，应地文字信息按照其性质、内容及评价指标体系的要求进行科学分类，确保归类的准确性和科学性。

2. 数据信息的深入分析与处理

与文字信息相比，数据信息的处理更为复杂。首要任务是检查各类数据表格的完整性和准确性，及时补充不完整的信息，如单位名称、数据总数等，并核实数据是否与工作实际相符，计算是否无误。随后，根据数据的特性和属性进行合理的分组，确定分组的界限，为后续的深入分

析和处理奠定坚实基础。

数据的统计分析主要分为两大部分：集中趋势分析和离中趋势分析。集中趋势分析聚焦于平均数、中位数和众数等的探究，而离中趋势分析则主要分析数据的全距、方差和标准差等，以揭示数据的离散程度。

3. 综合评估与结论形成

在深入分析和处理信息后，评价主体会依据评价标准逐项进行定量和定性的评价。基于这些评价，再根据评价的目标和要求，得出综合评估结果和评价结论。常用的方法包括计算平均数，例如根据评价指标体系中各项指标的权重进行评分，并求和得出每位评价者的分数，进而计算出平均分或加权平均数。另一种方法是进行分数或等级的综合评价，将定性描述与定量评分相结合，得出全面的评价结论。

三、思想政治教育工作质量评价的总结反馈阶段

思想政治教育工作质量评价的总结反馈环节深刻影响着质量评价功能的全面发挥，更是决定评价目标能否圆满达成的关键。思想政治教育工作质量评价主要是对思政教育的工作流程及成效进行全方位、深层次的审视与检验。通过这样的评价，期望能够达成客观、公正且科学的评判，从而及时发现并应对存在的问题，充分展现并推广优秀的实践成果，积极克服并改进工作中的不足之处，切实补齐短板。最终，我们希望能够引导和督促评价对象持续优化工作方法，提升思想政治教育工作的吸引力和亲和力，进而显著提高思政教育的针对性和实效性。

（一）思想政治教育工作质量评价的总结

思想政治教育工作是一项高度严谨且多元的任务，它融合了多方面的要素，因此，进行科学、系统的质量评价颇具挑战性。为了持续提升评价的准确性和效率，需要在实践中不断积累、自省并优化评价方法。

为了形成更为精确的评价定论，我们需要从以下几方面努力：

首先，重新审视评价理论与方法是否具备科学性和正确性，其理论

框架是否完备,整体结构是否合理,以及所采用的方法是否切实可行。同时,还要反思在评价过程中是否严格遵循了思想政治工作的基本原则、教育教学的规律以及学生成长的自然规律;是否坚守了马克思主义的指导地位,并确保了社会主义的办学方向;是否实现了理论与价值观的有机结合,以及是否真正做到了以德为本、以德促教;更重要的是,评价是否真的从学生实际出发,满足了他们成长和身心健康的双重需求。

其次,我需要对评价标准和体系进行二次评估。这涉及检查评价标准是否与新时代的评价目标相契合,以及在实际操作中是否具备可行性。同时,还需要再次审视评价指标体系的完整性,各层级指标之间的逻辑关系,以及各项指标之间的排他性。此外,各项指标的权重设置是否合理、科学,是否真实反映了工作的实际情况,特别是核心指标的权重是否真正体现了其"核心"地位和作用,以及是否与国家政策的导向相符。

再次,对思想政治教育工作质量评价的整体流程进行再次评价,主要是为了检查评价过程是否全面、准确和真实,是否真正做到了实事求是,以及各个环节和步骤的设置是否合理和科学。

最后,还需要对质量评价的结果进行再次核查。这主要是为了确认评价结果是否与工作实际情况存在明显的偏差。一旦发现任何与实际情况不符,必须立即检查评价过程中可能存在的遗漏或重大失误,并及时进行纠正和调整。

(二)反馈质量评估结论,编写质量评估汇报

为了全面展现思想政治教育工作质量评估的价值,在评估工作圆满结束后,需要采取恰当的方式,将质量评估结论反馈给评价对象的直属上级管理部门、所在单位以及相关人员。这一反馈不仅为思想政治教育工作的持续创新提供了科学的决策依据,而且为各方提供了学习优秀实践和识别自身工作不足的机会。评估结论的反馈会为相关部门和人员指明未来的努力方向,提出具体的改进建议,以推动思想政治教育工作的不断加强和完善,从而实现工作的实质性进步。

编写思想政治教育工作质量评估汇报,则是以书面形式详尽地记录评估的过程和成果。根据评估主体的不同,可分为自我剖析报告和外部评估报告;根据评估内容的差异,又可分为全面评估报告和特定项目评

估报告等。报告的主要内容包括评估的组织架构与参与人员、评估的核心原则、实施步骤、采用的方法论，以及评估的成果和结论。编写此报告旨在推动未来工作的持续优化、精确化和标准化，同时对建立质量评估档案具有深远意义。可以将思想政治教育工作质量评估过程中的全部文档、数据、计划、方案、总结、杰出案例、荣誉材料和证书等进行归档整理，并建立完善的质量评估信息系统，从而推动思想政治教育工作质量评估走向更加科学和制度化的轨道。

第三节　高校思想政治理论课教学质量评价

课程教学质量评价不仅是衡量教师教学水准和学生学习成果的重要手段，更是评估高校教育成效的关键环节。特别是对于高校思想政治理论课而言，其承载着培养新时代优秀人才的重要任务，因此，提升其教学质量显得尤为关键。为了持续且系统地提高思想政治理论课的教学质量，构建一个科学且完善的教学质量评价体系成为不可或缺的环节。

然而，目前一些高校的思想政治理论课教学质量评价体系存在不足，这无疑对思政教育质量的提升造成了一定的制约。鉴于此，我们必须深入探讨为什么要建立这样的评价体系，如何建立，以及从哪些具体方面入手。对这些问题的深入剖析将为思想政治理论课教学质量评价体系的构建提供科学的指导。

一、高校思想政治理论课教学质量评价体系构建的必要性

教学质量评价体系是学校为确保人才培养质量而实施的一系列监控与保障措施。对于高校思想政治理论课而言，这一体系的建立不仅关乎教学质量，更是对立德树人教育理念的贯彻和人才全面发展的促进。下面将详细阐述构建高校思想政治理论课教学质量评价体系的必要性。

（一）响应国家政策要求的体现

构建思想政治理论课教学质量评价体系是响应国家对高校思政教育相关政策的具体行动。随着国家对高校思政教育的重视日益提升，相关政策文件如《关于加强和改进新形势下高校思想政治工作的意见》等明确要求建立科学的教学质量评价体系。这不仅是对国家政策的落实，也是对高校思政教育责任的担当。

（二）推动思政教育改革的需要

当前，高校思想政治理论课教学改革正在不断深化，取得了显著成果。然而，仍存在一些亟待解决的问题，如教学内容陈旧、教学形式单一等。构建科学完善的教学质量评价体系，有助于发现问题、分析问题并解决问题，从而推动思政教育改革向纵深发展，提高教学质量。

（三）实现立德树人任务的要求

立德树人是教育的根本任务，也是高校思想政治理论课的核心理念。然而，现有的教学质量评价体系往往过于注重学生学习成绩，忽视了对学生思想道德方面的评价。因此，构建完善的思想政治理论课教学质量评价体系，有助于更加全面、客观地评价学生的思想道德素质，推动立德树人任务的全面落实。

（四）提升思政教育质量有效途径

构建思想政治理论课教学质量评价体系是高校开展教学评价的重要环节。通过形成明确的教学质量评价标准，促进思想政治理论课教学的规范性，实现精准化教学。同时，完善的教学质量评价体系能够客观衡量思想政治理论课的教学绩效，激发教师和学生的积极性，进而提高思政教育的整体质量。这不仅有助于提升高校的教育教学水平，还能为社会培养出更多具有高素质的人才。

二、高校思想政治理论课教学质量评价方法

为提高高校思想政治理论课教学质量，高校必须采取全面、科学且具备高度针对性的评价方法。这需要高校紧密结合思想政治理论课程的实际推进情况，深入了解学生的真实需求和接受程度，从而设计出既符合教学目标又能真实反映学生发展状况的评价体系。

（一）目标考核评价

目标考核评价分为宏观和微观两个维度，宏观目标主要考核高校思想政治理论课的整体建设状况和教学目标的实现程度，以此推动教学质量的不断提升。而微观目标则更注重具体教学环节中学生知识、能力和素质的提升情况。通过这两个目标的综合评价，能够更全面地把握思政教学的效果，以及学生的学习成果。

（二）总结性评价

总结性评价是对思想政治理论课教学活动结果的总体评价，它侧重于衡量学生经过一段时间学习后的整体表现。例如，通过学生的期末考试成绩和平时成绩的汇总，可以对学生在这段时间内的学习情况进行一个全面的评估。这种评价方法有助于相关部门了解教学的整体效果，以及学生在知识掌握、理解应用等方面的能力。

（三）过程性评价

与总结性评价不同，过程性评价更注重对思想政治理论课教学过程的实时监控和评估。这种评价方法贯穿于教学活动的始终，从教学前的准备阶段到教学中的实施阶段，再到教学后的反馈阶段，都需要进行全面的评价。过程性评价不仅关注学生的学习过程和表现，还关注教师的教学态度和教学方法。通过实时的反馈和调整，可以不断优化教学策略，提高教学效果。

（四）标准线评价

标准线评价是一种基于预设标准的评价方法，是指在制定好的合格标准线下，对学生的表现进行评价。标准线评价法简单易行，主要用于对学生理论知识掌握程度的考核。然而，它也存在一定的局限性，特别是对于学生能力素质和价值观的评价显得力不从心。因此，在使用标准线评价时，需要结合其他评价方法，以获得更全面、更准确的评价结果。

（五）综合性评价

综合性评价是一种全面、多元的评价方法，它不仅考核学生的理论知识掌握情况，还对学生的能力、素质以及价值观进行全面的评估。综合性评价强调从传统的以理论知识为主的评价方式，向更加注重学生全面发展、注重学生实践能力和创新精神的培养转变。这种评价方法能够更真实地反映学生的发展状况，也更符合现代教育的理念和目标。

三、高校思想政治理论课教学质量评价应注意的问题

为确保思想政治理论课教学质量评价的有效实施，并达到预期效果，需要注意以下几个方面。

（一）立足多元化评价视角

为全面提升思想政治理论课的教学质量，高校教学管理者需具备全局观，从多个维度进行教学评价。在评价时既要从学校层面洞察思政教学中的现存问题并寻求对策，也要站在学生的角度，关注学生的思想道德修养、素质培养以及正确世界观和人生观的树立。这要求我们在评价时不仅要考量教师的教学表现，还要深入了解学生的学习体验和成效。同时，从更宏观的学科教学角度评估思想政治理论课的教学质量，采取有效措施以提升教学效果。

(二)科学严谨地运用评价体系

高校思想政治理论课教学质量评价体系是基于理论与实践相结合的科学化、系统化构建。为确保评价结果的科学性和有效性,评价人员必须严格按照规范操作,保持严谨的工作态度,力求客观评价,减少主观偏见,避免形式主义。评价指标的选取应具有代表性和全面性,避免重复和重叠,以确保评价结果的全面、科学和说服力。

(三)合理利用评价结果

为确保评价的有效性,要及时将评价结果反馈给教师和教学管理部门,以便迅速调整教学策略和方法。根据评价结果中反馈出的具体问题,教师应进行有针对性的改进,而教学管理部门也应优化课程设置和资源分配。在利用评价结果时,需要综合考虑学生的知识掌握、实践能力及情感态度等多方面因素,采用多元评价手段保证结果的客观准确。可以将评价结果与绩效考核等挂钩,以激励教师重视教学质量,但须避免过度量化。需要注意的是,评价应是一个持续且动态的过程,需要教师保持开放心态,吸纳各方反馈以不断提升教学水平。在整个评价过程中,还应确保评价的公正性和客观性,避免存在主观偏见。可利用现代信息技术高效处理评价数据,助力教学调整的及时性和准确性。这些措施共同推动高校思想政治理论课教学的持续改进,进而促进学生全面发展。

第七章　新时期高校党建与思想政治教育工作的具体路径

第一节　建设校园文化，营造高校党建与思想政治教育工作环境

一、校园文化的内涵及其本质

校园文化是高校独特精神面貌和文化特质的核心体现，是区分不同学校学生思想观念的重要标志，也是展示学校发展水平、精神风貌、传统风格和理想追求的关键要素。校园文化是在长期的教育教学、管理和实践活动中逐步培育和发展起来，对于增强师生的团队凝聚力、塑造良好的校风学风、提升学生的思想道德素养，以及推动学校的持续健康发展具有深远的影响。

（一）高校校园文化的内涵

高校校园文化的内涵是多元且深厚的，可以从多个维度进行解读，如校园环境、文化氛围以及教育理念等。总体来看，高校校园文化是一个综合体现，它融合了高校的教育理念、精神风貌、价值导向、规章制度以及校园环境等多个方面，这些元素共同构成了校园文化的丰富内涵。这种文化的形成需要经历长期的办学历史，通过时间的积淀、凝聚与演变逐渐塑造而成。这里我们从高校校园的物质文化、精神文化和制度文

化三个层面逐一深入探讨高校校园文化的丰富内涵。

1. 高校校园物质文化

高校校园物质文化，这一当代高校文化的实体形态，深刻反映了高校的全面实力，它宛如校园文化的外层展示。其中，高校校园的物质环境文化占据了核心地位，涵盖了基础建设、人文风景、传媒工具，以及各类校园文化活动。这些元素共同为高校教育提供了坚实的物质和环境基石。

谈及基础建设，我们会想到那些熟悉的场所：讲堂、学生宿舍、运动场地、餐厅、体育馆、图书馆，以及各种实验室和先进设备。它们不仅实用，而且从每个细节都折射出高校的教育理念和文化精髓。人文景观，则是校园中另一道亮丽的风景线。这里有绿意盎然的植被、波光粼粼的水景，还有巧夺天工的雕塑艺术。这些不仅美化了校园环境，还为师生们提供了一个能够陶冶情操、培养气质的空间，仿佛是一部镌刻在校园里的历史长卷。大众传播媒介，如校报、校园电台，以及各种音响和视听设备，它们构成了校园内信息传递的重要桥梁。

此外，校园文化活动丰富多彩，既有知识型的，如学术社团的活动和讲座，为学子们提供了深入了解某一领域知识的机会；也有娱乐型的，如戏剧表演、游览、艺术展等，旨在通过美的教育来陶冶性情。尽管有些人可能不将这些活动视为物质文化的一部分，但它们确实以实体的形式存在，能够被人们直观地感受到，无疑是校园文化的一个重要层面，因此理应被纳入校园物质文化的范畴。

2. 高校校园精神文化

精神文化是高校文化的核心所在，它代表着学校的独特性和历史积淀。这种文化是由一代又一代的高校人在长期发展中共同创造并认同的价值追求和道德情操。它涵盖了高校的价值观念、高校精神、校风教风学风、历史传统等多个方面。

校园精神文化的核心是广大师生员工共同的理想目标、精神信念和价值观念。这些价值观念在学校长期的文化创造过程中逐渐积淀形成，成为校园内大多数人的思想和行为习惯的基础。

校园精神文化还体现在学校的文化传统和学术风范上，包括学校的创业奋斗史、警示后人的教训史，以及学校在历史发展过程中形成的独特校园精神特色，这种文化传统和学术风范对后来的学子产生深远影响，使他们在潜移默化中形成良好的品质和行为习惯。

高校精神的形成是一个多方面因素交织的复杂过程，它深深植根于学校的历史积淀与传承之中。自学校创立之初，那些初始的理念与追求就在岁月的洗礼中逐渐凝练，通过历代师生的共同努力与传承，不断得到强化和发展。丰富多彩的校园文化活动不仅为学生提供了一个展示自我、锻炼能力的平台，更在无形中培育并弘扬了学校的核心价值观念。而师生间的日常交流与学术互动，更是高校精神得以生生不息的源泉，他们在教与学中相互启发，共同塑造和维系着学校的精神风貌。此外，高校作为社会的一部分，也不可避免地受到社会环境的影响，这种影响既带来了挑战，也为高校精神注入了新的时代元素。

高校的历史文化传统也是其精神文化的重要组成部分，涉及学校的创立背景、发展历程、重要事件以及由此形成的特有文化和价值观。每所高校的创立都有其特定的历史背景和社会需求。例如，有的学校可能是在战争年代为了培养急需人才而创立的，而有的则是在和平时期为了推动某一领域的发展而建立的。高校自创立发展到现在，往往经历了多次的变革，这些变革可能包括校名的更改、校区的扩建、学科的增设等，都反映了学校在不同历史时期的发展重点和方向。校训通常体现了学校的核心价值观和办学理念，而校徽则是学校精神的象征，二者共同构成了学校精神文化的重要组成部分。

高校在长期的办学过程中能够形成自己独特的学术风格和研究方向，影响着学校的教学和科研活动，也塑造了学生的学术态度和思维方式。高校在发展过程中，往往会经历一些具有里程碑意义的历史事件，如重大的学术发现、重要的国际会议等，提升了学校的知名度，丰富了学校的历史文化内涵。杰出校友是学校历史文化传统的重要载体，他们的成就和贡献不仅为学校增光添彩，也激励着后来的学子不断追求卓越。高校通常会举办各种校园文化活动，如学术讲座、文艺演出、体育比赛等，丰富师生的课余生活，传承和弘扬学校的精神文化。在长期的发展过程中，高校会逐渐形成自己的核心价值观，引导着师生的行为方式和思维习惯，构成了学校历史文化传统的重要组成部分。

校风不仅反映了学校的办学理念、教育目标和学术追求，还体现了师生的行为准则和精神状态。一个学校的校风，就像一面镜子，折射出学校的整体形象和内在品质。高校的校风通过师生的言行举止、学习态度、生活作风等方面得以展现。一所学校的师生如果普遍具有严谨、勤奋、创新的精神，那么这所学校的校风就会显得积极向上、充满活力。相反，如果师生表现出懒散、敷衍、墨守成规的态度，那么校风就会显得沉闷、缺乏活力。高校的校风是校园精神风貌的体现，更是学校文化底蕴的彰显。一个拥有深厚文化底蕴和独特校园文化的学校，其校风也必然独具特色，给人留下深刻的印象。

3. 高校校园制度文化

制度文化是高校文化的重要组成部分，它涵盖了各种规章、纪律和规范，这些元素共同维系着学校的正常运行，并营造出一种约束性的理念和氛围。高校制度文化反映了学校对师生员工行为的调控程度、监控原则和管理张力。

高校校园制度文化主要由高校的工作制度、责任制度、特殊制度等特殊风俗构成，其具有多种功能，包括维护学校正常的教学、工作和生活秩序，使高校精神文化落实到制度层面，渗透高校的办学理念和宗旨，并承载着高校师生的共同理想追求。

制度文化是校园文化建设的保障系统，其形成与发展与学校的历史、传统和办学理念紧密相连。在高校的发展过程中，制度文化不断得到完善，以适应学校发展的需要和社会的进步。

高校制度文化通过明确的管理规章制度来规范全校师生员工的行为，这些规章制度具有约束性，包含奖惩机制，旨在鼓励符合规范的行为，并惩罚不符合规范的行为。

制度文化与校园精神文化紧密相连，严谨科学的管理制度有助于形成积极向上的精神文化。精神文化是隐性校园文化，而制度文化则将其显性化，通过具体的规章制度促进精神文化的落实和传承。一些高校举办校园文化节、设立学生自治管理机制、开展志愿者活动等，不仅丰富了学生的课余生活，也体现了学校的制度文化和办学理念。

在制定制度时，既要考虑到高校的共性需求，也要充分体现出本校的特色和个性，充分体现对人的尊重和关怀，使制度更加人性化和民主化，营造出一种积极向上、富有创造力的制度氛围。

（二）高校校园文化的本质——化人

高校校园文化的核心使命在于促进学生的全面成长与发展。它既是教育的载体，也是文化的传承者，肩负着培养人才和创新文化的双重任务。高校通过文化育人的方式，利用自身的文化资源和氛围，帮助学生获得知识、发展智慧、提升综合素质，实现德智体美劳的全面发展。

高校文化对学生的影响是深远的。它不仅塑造了学生的道德情操，还促进了他们的社会化、个性化和文明化。高校文化的传承、传播和创造对于塑造健全和完善的人格至关重要。

高校校园文化对道德情操的培养具有重要作用。它通过深厚的文化传统、丰富的人文景观和博大的人文精神，对学生的道德情操产生不可替代的影响。高校学生作为新一代的主力军，他们的道德、情操和思想性格正处于关键发展阶段，高校校园文化的正确引导对他们的成长至关重要。

高校校园文化的引领作用体现在通过文化载体，赋予学生民族精神、高尚人格和优良品德。这些素质是学生未来发展的前提和基础。民族精神体现了一个民族的生命力、创造力和凝聚力，而高尚的人格和优良的品德则是个体发展的基本要素。

高校校园文化的本质在于“化人”，即培养具有良好性格和健全人格的人。为此，高校需要注重学生的人格塑造，强调文化信仰的重要性。高校校园文化建设应与文化素质教育相结合，培养学生的综合气质和整体素质，让他们了解民族的历史和未来，养成健全的人格和高尚的品德。

高校校园文化应以学生为主体，高度重视学生的自由发展，提供丰富的教育资源，激发学生的创造活力，促进他们的全面发展。同时，高校校园文化应注重创新，通过文化整合资源，激励创新，提升学校的文化品位和竞争力，激励学生不断超越自我。

此外，高校校园文化的特色对学生的精神气质有着重要影响。每所高校都有其独特的校园文化生态，这些文化特色能够潜移默化地塑造学生的个性特质和精气神，成为高校育人的独特优势。

二、建设校园文化的途径

（一）以党建为引领，全面构建和谐的校园文化

1. 强化党建核心，促进思想建设、组织建设和作风建设融合发展

学校党委需充分发挥其在全局中的引领作用，全面规划和推进校园文化建设。在思想建设方面，要以社会主义核心价值观为基石，深化意识形态教育，确保先进文化渗透于党的思想建设之中。在组织建设层面，应推动学习型党组织的构建，以此带动学习型校园文化的发展，通过丰富多样的党建文化活动，增强基层党组织的凝聚力和战斗力，进而在全校范围内营造浓厚的学习氛围。在作风建设上，要深入推进“两学一做”学习教育，以“不忘初心、牢记使命”为常态化教育主题，不断提升学校的民主管理水平和校风学风建设水平。

2. 将党的理论与思想作为校园文化的根基

高校作为培养社会主义建设者和接班人的重要基地，必须坚持党的领导，贯彻党的教育方针。党的理论与思想，特别是马克思主义理论，为高校校园文化建设指明了方向，确保了校园文化建设的正确性和先进性。

党的理论体系中包含了许多关于人的全面发展、社会主义核心价值观等理念，这些都可以成为校园文化建设的核心内容。通过弘扬党的理论与思想，可以引导学生树立正确的世界观、人生观和价值观，形成良好的校风、学风和教风。

党的理论与思想所蕴含的革命精神、奋斗精神和创新精神等，可以激发师生的爱国热情和社会责任感，增强校园文化的凝聚力和向心力。同时，党的理论与思想引导师生关注国家大事，关心社会发展，培养他们的社会责任感和公民意识。

通过校园文化建设这一平台，可以将党的理论与思想以更加生动、

形象的方式呈现给师生，提高他们的学习兴趣和效果。这不仅有助于提升师生的思想政治素质，还有利于构建和谐校园，促进学校的全面发展和进步。

3. 党建引领群建，实现党群共建共享

在校园文化建设中，应充分尊重和发挥广大师生的主体作用，为党建工作奠定坚实的群众基础。同时，要加强基层党组织、工会和共青团等群团组织的建设，发挥其骨干和带头作用，深入开展丰富多彩的群众性文化活动。通过党组织的引领作用，关怀、塑造和发展人，使党建工作与校园文化建设相互促进，共同提升学校的文化软实力。

（二）创新思想观念，夯实构建和谐校园的思想基础

伴随经济体制的深刻变革、社会结构的重大调整、利益分配的复杂变化，人们的思想观念也在不断更新。这为基层党组织建设与思政工作带来了新的挑战。创新思想观念为高校的整体发展注入了活力和动力，通过创新思想观念，可以夯实构建和谐校园的思想基石，为学校的长远发展奠定坚实的基础。

创新思想观念有助于打破传统思维的束缚，引领校园文化的创新发展。在传统的教育观念中，往往注重知识的传授而忽视了学生的主体性和创造性。而创新思想观念则鼓励学生敢于质疑、勇于探索，培养他们的创新意识和实践能力。这种新的教育观念不仅有助于学生的全面发展，还能为校园文化注入新的元素和活力。

在构建和谐校园的过程中，需要处理好各种关系，包括师生关系、生生关系、学校与社会的关系等。创新思想观念强调以人为本、尊重差异、包容多样，有助于营造一种开放、包容、和谐的校园文化氛围。在这种氛围中，师生能够相互理解、尊重和信任，共同为构建和谐校园贡献力量。

随着时代的变迁和教育的发展，传统的管理制度已经无法满足现代教育的需求。创新思想观念可以引导学校管理者审视现有制度，发现其中的不足并进行改进。通过制度创新，可以建立起更加科学、合理、高效的管理制度，为构建和谐校园提供有力的制度保障。

在知识经济时代，创新人才的培养显得尤为重要。通过创新思想观

念,可以激发学生的创新意识和创造力,培养他们的实践能力和团队协作精神。这不仅有助于学生的个人发展,还能为社会的进步和国家的创新发展作出贡献。

(三)创新工作制度,构筑和谐校园的坚实制度支撑

1. 创新健全统战工作制度

为了构建充满和谐的校园,亟须进一步扩大统战工作的覆盖范围,并致力于深化和完善高校统战工作的体制与机制。可以建立向民主党派及党外人士定期通报工作进展、听取宝贵意见的长效机制,优化政协委员、人大代表履行职责的支持体系,以及鼓励民主党派负责人积极参与学校重大活动。通过这一系列制度的创新与完善,可以充分激发统一战线成员的积极性和创造性,更能有效汇聚各方智慧和力量,共同为学校的中心工作贡献力量。这将为构建团结一心、积极向上的校园氛围奠定坚实基础,推动学校各项事业蓬勃发展。

2. 建立知识管理制度

在创新型企业中,知识管理制度被视为核心管理制度,高校也可借鉴这一理念,建立知识管理制度,促进知识的获取、处理、共享和应用。这有助于推动校园内的知识创新,并通过知识的转化和应用,提升学校的整体竞争力。特别是隐性知识的发掘、传播和利用,对于高校的创新和发展具有重要意义。

3. 完善公平和公正的管理制度

在和谐校园建设中,学校管理层应确保决策过程的公平和公正,需要建立有效的奖惩制度,以确保学生之间的冲突和问题得到公正处理。同时,每一个学生都应享有平等的机会和权益。

4. 建立安全与健康教育制度

和谐校园应提供安全和健康的学习环境，因此，需要加强安全教育和心理健康教育。学校可以设立专门的安全教育课程和心理健康教育课程，并建立相应的制度来保障这些课程的实施和质量。

（四）创新工作方法，为构建和谐校园提供科学的方法保证

1. 坚持群众路线，畅通沟通渠道

通过建立系领导值班走访学生宿舍制度和设置意见箱、书记信箱等，及时了解师生的意见和需求，合理采纳师生的建议，消除不和谐因素。特别是通过系网页设置的书记信箱，对共性问题公开回复，个性问题通过短信或邮箱回复，改进思想政治教育工作，使之更贴近学生。

2. 以社会实践为载体，拓展第二课堂

坚持专业学习与社会需求、理论教育与实践教育、学校教育与社会教育、服务社会与双向受益相结合的原则。通过完善管理机制、加强基地建设、发挥专业特长，组织学生到农村、社区、企业开展“三下乡”等社会实践活动，锻炼学生能力，提升学校荣誉。

3. 开展科技文化活动，丰富校园文化生活

开展科技文化活动，不仅可以拓宽学生的知识视野，提升其科学素养，还能极大地丰富校园文化生活，营造积极向上、富有活力的校园氛围。

第一，将高雅艺术与校园文化建设相结合，举办女生节、科技文化艺术节、社团文化艺术节、辩论赛、歌手大赛等活动，丰富学生文化生活，展现学生精神风貌，培育积极健康的生活态度。例如，针对女生较多的情况，以“自尊、自爱、自重、自强”为主题，开展女生节等活动，展现女生

团结拼搏、奋发向上的精神风貌，推进和谐文明校园建设。

第二，可以邀请校内外专家学者举办科技前沿讲座，让学生了解最新的科技动态和研究成果，定期组织学术研讨会，鼓励学生和教师就某一科技主题进行深入探讨和交流。

第三，举办各类科技竞赛，如机器人设计大赛、程序设计竞赛、创新创业大赛等，激发学生的创新精神和实践能力；举办科技展览，展示学生的科技成果和创新作品，增强学生的成就感。

第四，定期举办科技文化节，通过一系列活动如科技游园会、科普剧表演、科技电影放映等，让学生在轻松愉快的氛围中感受科技的魅力。

第五，设立实验室开放日，让学生有机会亲身参观和体验高端科研设备和实验环境，提升对科学研究的兴趣。鼓励学生自发组织或参与科技社团和兴趣小组，如航模社、机器人社、编程社等，为学生提供更多实践和交流的平台。

第六，可以与企业合作开展科技项目，让学生有机会接触实际的工程问题和解决方案，培养其实践能力和团队协作精神。组织学生开展科技志愿服务活动，如到社区进行科普宣传、为学校周边地区提供技术支持等，培养学生的社会责任感和公民意识。

第二节　聚焦学生管理，加强党建与思想政治教育工作互动融合

一、学生管理的概念

学生管理在高等学校中是一项至关重要的工作，关乎学生的成长和发展，直接影响着学校培养目标的实现。作为一个综合性的管理过程，学生管理需要学校领导和管理人员遵循教育方针和政策法令，科学地、有计划地对学校内部的各项资源进行组织、指挥和协调。

学生管理需要深入研究管理对象，即青年高校学生，要了解他们的生理和心理特征，分析他们的知识结构和能力水平，关注他们的兴趣爱好以及社会氛围对他们的影响。通过这些研究，管理人员可以更好地把握学生的思想动态，进而制定出更加贴近学生实际的教育管理策略。

学生管理工作要求管理者自身具备一定的思想、文化、理论和业务素质。这些素质的培养和管理队伍的建设是学生管理工作有效进行的关键因素。只有具备了高素质的管理团队,才能确保学生管理工作的专业性和高效性。

学生管理工作需要研究管理的机制和一般原则、方法,包括学生在学习、生活、课外活动和思想教育中的具体管理目标、原则、政策和法规等。通过制定合理的管理机制和原则,可以确保学生管理工作的有序进行,为学生提供更加稳定的学习环境。

需要注意的是,学生管理既是一项教育工作,也是一项管理工作。因此,它既包含教育科学所揭示的规律,也遵循管理科学的原则。作为高等教育学和管理学交叉结合的产物,学生管理学科具有综合性的特点。在研究过程中,它需要广泛借鉴和运用各种相关学科的理论和方法,如马克思主义哲学、高等教育学、社会学、心理学等,以科学的管理理念和手段来指导实践,确保管理工作的有效性和高效性。

二、学生管理的对象与任务

(一)学生管理的对象

学生管理的对象,即管理活动的承受者,主要是指在高校求学的学生,包括专科生、本科生、硕士生和博士生等。这些学生作为管理活动的核心,其成长、学习、生活等各个方面都是学生管理的重要内容。

学生管理作为一门综合性的应用科学,它涵盖了诸多知识体系,如管理学、教育学、心理学等,并致力于揭示学生管理活动内在的、本质的联系及其发展规律。学生管理不仅是学校管理的重要组成部分,更因其独特的研究对象和领域而具有相对的独立性。

为了更好地进行学生管理,需要深入研究以下几个方面:

第一,学科理论。主要包括对学生管理科学的性质、理论基础、研究对象和领域等进行全面研究,以明确学生管理的指导思想和原则,并不断丰富和发展学生管理科学。

第二,方法论。研究学生管理的根本思想和具体的管理方法。例如,思想政治教育管理、学生社区管理、教学与学籍管理等各种管理方法和手段,以提高学生管理的效率和效果。

第三,组织学。学生管理是一项系统工程,需要探讨如何形成有效的网络系统,发挥最大的组织功效。例如,研究学生管理的组织领导体制、管理队伍的建设以及学生管理的现代化趋势等。

第四,政策法规。需要深入研究学生管理制度与国家法律法规、相关政策、教育法规等的相互关系,以确保学生管理工作的合法性和合规性。

第五,学生特点。为了更好地进行学生管理,需要深入研究学生的成长规律、身心特点等,并探讨这些因素与管理工作的有机联系,以实现青年群体与管理工作的互动共生。

(二)学生管理的任务

学生管理工作的基本任务不仅涉及对学生管理学的知识体系进行深入研究,更重要的是要挖掘学生管理工作中的特殊矛盾,理解并把握其运行规律,以便更好地将这些理论应用于实际工作中,从而有效推动学生管理工作的进步。其主要任务包括以下几个方面:

首先,需要批判性地借鉴历史上的学生管理经验,并借鉴国外的先进做法。中国有着丰富的历史文化传统,先辈们在学生管理方面的智慧和经验是我们宝贵的遗产,应当加以学习,古为今用。同时,也要开阔视野,积极借鉴国外高校的学生管理经验,去其糟粕,取其精华。通过融合国内外的成功经验,可以构建出既具有中国特色又符合时代精神的学生管理模式。

其次,要加强科学研究和实践探索,不断完善学生管理的理论体系。尽管我们已经积累了丰富的实践经验,但仍面临许多挑战和问题。因此,作为学生管理工作者,我们需要加强学生管理工作的科学研究,积极探索新的方法、思路和手段来适应新的形势和规律,不断丰富和完善学生管理的理论与方式。

最后,要以理论创新推动实践创新,努力实现学生管理工作的科学化、法制化和人本化。这需要深入研究法律学、青年学以及管理学的相关理论,并将这些学科有机地结合起来,进行理论上的创新。因为高校学生管理并非一般的管理,而是针对青年的管理,旨在培养德、智、体、美全面发展的人才。这就要求学生管理工作者进行深入的理论研究和实践探索，以完成这一光荣而艰巨的任务。

三、学生管理工作与高校党建和思想政治教育工作融合的依据

（一）党建和思想政治教育工作的内在要求

大学生党建和思想政治教育构成了一个全面而深入的教育体系，这一体系强调了课堂之外的辅导和实践活动的重要性。在这一体系中，学生管理和思想政治理论课程扮演着互补的角色，共同促进了学生思想政治素养的提升。为了进一步提升高校思想政治工作的质量和效果，高校应当贯彻“全员育人、全程育人、全方位育人”的教育方针。

（二）学生管理与党建思政教育本质相同

学生管理与党建思政教育在高校中共同承担着培养学生的重要任务，它们具有本质上的一致性。学生管理工作的核心目标是促进学生的全面发展，这与党建思政教育的宗旨相吻合。通过规范学生行为，引导学生形成正确的价值观和世界观，两者共同为学生的道德、智慧和能力发展提供支持。

学生管理工作应当涵盖学生的各个成长阶段，确保育人工作无死角。这需要在多个层面（如个人、集体、课程、活动等）进行工作，以实现全面育人。为了适应教育改革和学生需求的变化，学生管理工作需要不断创新，采用新的管理理念和方法，提高工作的科学性和有效性。学生管理工作应与高校的整体改革和发展紧密结合，通过优化管理流程和提升服务质量，支持高校的教育目标和发展战略。推动学生管理工作向科学化方向发展，运用现代管理理论和技术，如数据分析、信息化管理等，提高管理的精准度和效率。学生管理和党建思政教育共同致力于实现立德树人的根本任务，即培养有理想、有道德、有文化、有纪律的社会主义建设者和接班人。

四、高校学生管理与党建思想政治教育融合的意义分析

（一）优化学生管理的路径

高校学生管理通过引入党建和思想政治教育的元素，可以帮助学生在宽松的大学环境中保持正确的道德认知和价值判断，提升思想意识。这种融合能够促使学生自觉遵守规章制度，从而优化学生管理的策略，将刚性的制度要求与柔性的思想引导相结合，提高管理效果。

（二）丰富党建思政教育的形式

党建和思想政治教育工作不应局限于课堂，而应渗透学校教育和管理的各个方面。学生管理工作与思政教育的结合，能够扩展思政教育的内涵和形式，实施从课堂到课外、从单一到多元的教育模式，推动实现全过程、全方位的育人目标。

（三）促进大学生健康成长

在全球化和社会发展的大背景下，大学生面临着多元思想和文化的影响。通过将学生管理和党建思政教育相结合，可以更有效地引导学生形成正确的思想观念和行为方式，帮助他们提升思想觉悟、政治素养和综合能力，满足社会主义社会对高素质人才的需求。

五、学生管理工作与党建思想政治教育融合的路径

（一）高校学生党建思想政治教育工作与学生日常主题教育相融合

高校学生党建思想政治教育工作与学生日常主题教育的融合是为了提升学生的思想政治素养，培养他们的社会责任感，以及塑造正确的价值观念。

1. 教育理念的融合

高校学生党建思想政治教育和学生日常主题教育在理念上应相互渗透。党建工作要注重培养学生的党性修养和理想信念，而日常主题教育则侧重于提升学生的综合素质和社会责任感。将这两者结合，可以引导学生在坚定理想信念的同时，积极投身社会实践，实现个人价值与社会价值的统一。

2. 教育内容的互补

党建思想政治教育内容包括党的基本理论、基本路线、基本方略等，旨在引导学生树立正确的世界观、人生观和价值观。日常主题教育内容涵盖传统文化、社会实践活动、志愿服务等多个方面，旨在提升学生的文化素养和社会实践能力。将这两者的教育内容相互补充，可以形成更加全面的教育体系，促进学生的全面发展。

3. 教育方式的创新

通过邀请有经验的老师、专家进行主题演讲，激发学生的思考；组织小组讨论，引导学生主动思考问题、交流观点，培养他们的团队协作能力和解决问题的能力；设计与主题相关的互动游戏，增加学习的趣味性；开展丰富多样的实践活动，如社会实践、志愿服务等，让学生在实践中深化对党建思想政治教育和日常主题教育的理解。

最后，通过建立有效的评估机制，对融合教育的效果进行定期评估。同时，收集学生的反馈意见，及时调整教育策略和内容，以提高融合教育的针对性和实效性。

（二）高校学生党建思想政治教育工作与班风、学风建设相融合

高校学生党建思想政治教育工作与班风、学风建设的融合具有重要的现实意义。通过发挥党员的模范带头作用、加强班级党组织的建设以及开展丰富多彩的班级活动，可以形成良好的班风；而将学风建设融入

党员发展和培养中、创新学习方法和形式以及树立正确的学习观念，则有助于形成良好的学风。这种融合不仅能够提升学生的思想政治素养和综合素质，还能为他们的全面发展奠定坚实基础。

1. 党建工作与班风建设的融合

学生党员应该在班级中发挥积极作用，成为遵守纪律、团结同学、努力学习的典范，他们的行为举止会直接影响班级其他同学，从而有助于形成良好的班风。可以在班级中成立党小组，加强学生党支部对班级党建工作的管理。通过党组织的活动，增强班级的凝聚力和向心力，促进班风的建设。在党建工作的引领下，开展各种有益于学生身心健康和班级团结的活动。这些活动能够增进同学之间的友谊，培养团队合作精神，进一步巩固良好的班风。

2. 党建工作与学风建设的融合

在培养学生党员时，要考虑学生的思想道德水平，并将自主学习能力和学习动力作为重要的考核内容。这样，学生党员自然就会成为学风建设的引领者。在党建活动中，可以组织学习小组，探讨创新的学习方法，提高学习效果。同时，鼓励学生党员带动其他同学共同学习，形成良好的学习氛围。通过党建工作的引导，帮助学生树立正确的学习观念，明确学习目标，激发他们的学习动力。通过这种融合方式，可以有效增强班级和学校的整体氛围，为学生的全面发展和成长创造有利条件。

（三）高校学生党建思想政治教育工作与学生公寓管理相融合

公寓作为学生生活的主要场所，是党建思政教育工作的重要切入点。高校学生党建思想政治教育工作与学生公寓管理的融合，可以促进学生思想政治教育在生活实践中的渗透，同时也有助于提升学生公寓的管理水平。

1. 建立公寓党组织，发挥党员的先锋模范作用

在学生公寓中建立党组织，可以提升学生党员在公寓中的影响力。学生党员应发挥先锋模范作用，带头遵守公寓管理规定，积极参与公寓的各项活动，引导其他同学共同维护公寓的和谐与秩序。

2. 将思政教育内容融入公寓日常管理中

公寓管理人员可以在日常管理中融入思想政治教育的内容，如定期开展思政教育主题活动，引导学生树立正确的世界观、人生观和价值观，可以在公寓的公告栏、走廊等公共区域张贴与思政教育相关的标语、海报等，营造浓厚的思政教育氛围。

3. 加强公寓文化建设，提升思政教育效果

公寓文化是校园文化的重要组成部分，也是思政教育的有效载体，可以通过举办公寓文化节、文明寝室评比等活动，引导学生共同营造积极向上、健康文明的公寓文化氛围，这些活动不仅能够丰富学生的课余生活，还能在潜移默化中提升学生的思想政治素养。

4. 建立有效的反馈机制，及时了解学生思想动态

在学生公寓中建立有效的反馈机制，如设立意见箱、定期召开学生座谈会等，及时了解学生的思想动态和需求，针对学生在公寓生活中遇到的问题和困惑，思政教育工作者可以给予及时的指导和帮助，引导学生以正确的态度和方法解决问题。

（四）高校学生党建思想政治教育工作与学生社团建设相融合

学生社团作为高校文化的重要组成部分，积极响应了社会发展和教育改革的需要，通过开展各种丰富多彩、健康有益的课外科技文化艺术活动，为学生的全面发展提供了重要平台。为了进一步加强学生党建思

想政治教育工作,高校要将党建工作与学生社团建设紧密结合。

高校学生党建思想政治教育工作与学生社团建设的融合,可以为学生提供更加多元化、更有趣味性的学习与实践平台,同时巩固党组织的群众基础,促进学生社团的健康发展。

1. 建立社团党组织,发挥引领作用

在学生社团中建立党组织,明确党组织的领导地位和作用。社团党组织可以定期组织党员学习党的方针政策,提高党员的政治觉悟和思想认识,党组织可以引导社团成员积极参与社团活动,发挥党员的模范带头作用,推动社团发展。

2. 将思政教育融入社团活动中

学生社团可以开展丰富多彩的社团活动,将思政教育的内容融入其中。例如,可以组织以爱国主义、集体主义为主题的社团活动,引导学生树立正确的价值观和道德观,还可以通过社团活动培养学生的团队合作精神、创新意识和实践能力,促进学生全面发展。

3. 加强社团指导,提升思政教育效果

学校可以加强对学生社团的指导和支持,为社团提供必要的场地、经费等资源。同时,可以派遣有经验的思政教育工作者担任社团指导老师,引导学生社团开展有意义的思政教育活动。指导老师可以定期与社团成员进行思想交流,了解学生的思想动态,及时给予指导和帮助。

4. 创新思政教育形式,提高吸引力

在学生社团中开展思政教育时,应注重形式的创新性和多样性,可以结合学生的兴趣和特点,采用互动式、体验式等教学方法,提高思政教育的吸引力和实效性。例如,可以组织辩论赛、情景剧表演等活动,让学生在轻松愉快的氛围中接受思政教育。

5. 培养社团骨干，发挥榜样作用

在学生社团中培养一批思想觉悟高、组织能力强、有责任心的社团骨干，这些骨干可以成为党组织的得力助手，协助党组织开展思政教育工作，他们的优秀表现也可以对其他社团成员产生积极的影响，发挥榜样作用。

高校思政教育与学生社团建设的融合不仅提升了校园文化活动的层次和品质，还丰富了学生党建工作的载体和内容，使学生党建工作在不断创新中发展，内容更加多元化。通过这样的方式，既可以增强党建工作的实效性，又能促进学生社团的健康发展，为培养德智体美劳全面发展的高素质人才奠定了坚实基础。

第三节　加强队伍建设，提升党建与思想政治教育工作水平

党建工作和思想政治教育是高校教育的重要组成部分，它们对于培养德智体美劳全面发展的社会主义建设者和接班人具有不可替代的作用。为了实现这一目标，我们必须不断优化队伍结构，提高教育者的专业素养和思想政治教育能力，从而推动党建与思想政治教育工作向更高层次、更深程度发展。

一、高校思想政治课教师队伍建设

高校思想政治课教师是塑造大学生正确世界观、人生观和价值观的关键力量。他们不仅传授知识，更在潜移默化中引导学生形成健康的思想道德观念。因此，建设一支高素质、专业化的思想政治课教师队伍，对于提升高校思想政治教育质量至关重要。

（一）明确高校思想政治课教师队伍建设目标

1. 学历结构目标

明确高校思想政治课教师队伍建设的学历结构目标，主要是为了提高教师队伍的整体学术水平和教学质量。

第一，鼓励并支持现有教师攻读博士学位，引进更多博士人才加入思政课教师队伍。博士学位教师通常具有更高的研究能力和学术造诣，能够为学生提供更高质量的教学指导。

第二，在确保硕士学位教师具备一定教学和研究能力的基础上，通过进修、培训等方式进一步提升其专业素养和教育教学能力，适当引进获得硕士学位的新教师，为队伍注入新鲜血液。

第三，对于无学位或低学历的教师，应鼓励他们通过进修、自考等途径提高学历水平。在招聘新教师时，应优先考虑研究生及以上学历的应聘者。

通过设定以上学历结构目标，可以逐步提升高校思政课教师队伍的整体学历水平，提高教学质量和科研能力，为培养高素质人才奠定坚实基础。

2. 职称结构目标

在提升教师学历水平的同时，高校思想政治课教师队伍的职称结构也应得到合理规划。理想的结构应呈现出一个均衡的“橄榄形”，即教授和助教占两端，副教授和讲师构成中间的主力。这种结构能确保教学团队的稳定性和教学质量，副教授和讲师作为中坚力量，将极大地增强高校思想政治理论课师资队伍的整体实力。

3. 专业结构目标

马克思主义理论专业的教师应成为高校思想政治教育师资队伍的核心，特别是在思想政治理论课教学中应占主导地位。同时，为了丰富教学内容和视角，也可以吸纳一部分与学生专业背景相关或相近的教师加入思想政治教育队伍，但他们在团队中的比例应适当。

4. 年龄结构目标

鉴于当前思想政治课往往面对的是数百人的大课堂，这对教师的体力和精力都是极大的考验。因此，高校思想政治课师资队伍在年龄构成上应注意老、中、青三代的有机结合，以确保教学经验的传承和教师队伍的活力。其中，中青年教师应成为队伍的主力军，以应对高强度的教学工作。

（二）高度重视高校思想政治理论课教师人格魅力

人格魅力，涵盖了一个人的性格、气质、能力及道德品质等多方面能吸引他人的特质。对于高校思想政治理论课教师而言，其人格魅力不仅仅是个人的修养体现，更是影响教学实效性的关键因素。这种非语言的教学艺术，能够潜移默化地教育和感染学生，传递出教师的尊严、价值和道德品质。因此，塑造和提升思想政治理论课教师的人格魅力至关重要。

首先，高校思想政治理论课教师应具备广博的知识。深厚的学识是教师受到学生尊敬的基础，只有不断学习，不断更新自己的知识体系，才能在教学中游刃有余，为学生提供丰富而准确的知识。

其次，教师的仪表和举止也是塑造人格魅力的重要方面。一个注意自己形象的教师，从发型到穿着，都会力求符合职业特点，展现出整洁、大方、高雅的外在形象。同时，教师的举止也应高雅得体，这不仅体现了教师的内在修养，还能稳定学生的注意力，增强教学的感染力。

再次，品德魅力是高校思想政治理论课教师不可或缺的一部分。教师应该以身作则，展示出严于律己、勤奋认真、积极进取的敬业精神。同时，教师还应具备友善、宽容、公正、正直的品质，这样才能赢得学生的信任和尊重。

最后，个性魅力也是教师人格魅力的重要组成部分。每个教师都有自己的个性特点，善于将这些特点转化为教学优势，能够增加教学的趣味性和吸引力。教师应该学会控制自己的情绪，保持乐观开朗的心态，以积极向上的态度面对教学中的各种挑战。

高校思想政治理论课教师要善于在日常工作和生活中培养自己的人格魅力。这需要教师有意识地树立正确的思想观念，保持良好的心态和乐观的生活态度。同时，教师还应该注重学习，博览群书，不断提高自己的学识修养。在面对困难和挫折时，教师应以坚强的意志和乐观的态度去应对，这样才能不断塑造和提升自己的人格魅力。

（三）创新模式，构建“三结合”教师培训体系

为了提升教师队伍的专业素养，可通过多种途径进行实践，其中包括教师的自我学习与研讨、实践行动中的研究，以及外部提供的专业培训。在这些方式中，培训作为一个重要的外部推动力量，对于教师的专业成长具有显著作用。对于思想政治理论课教师的培训要注重以下三个结合。

1. 考察与讲座相结合

高校应精心策划结合考察与讲座的培训模式，以提高培训的实效性。考察培训通过组织教师实地观察、讨论，使他们在互动中深入学习和交流。而讲座培训则邀请权威专家和有丰富教学经验的教师，围绕学术前沿和自身经验进行分享。这种模式不仅突破了传统的单一讲座形式，更体现了以人为本的培训理念，培训内容也更具时代性和实践性。

通过这种模式，教师们能够亲身感受最新的知识和情况，不仅丰富了课堂教学内容，还提升了教学效果。同时，考察中发现的前沿问题也可以作为科研课题，推动科学研究的深入开展。

2. 入门培训与高层次培训相结合

高校可以为新入职的思想政治理论课教师提供入门培训，内容包括岗位基础知识、基本技能以及相关的教育教学要求。这种培训使新任教师能够快速适应岗位，为他们的教学工作打下坚实基础。而对于有一定经验的教师和骨干教师，则提供高层次培训，紧跟教育教学前沿，针对教学中的问题和难题进行专题培训和研讨。

3. 短期培训与高级研修相配合

在培训时限上，坚持短期培训与高级研修的结合。短期培训聚焦于某一主题或某一方面的能力提升，而高级研修则包括进修、攻读学位等形式，更注重教师全面能力和素质的培养。这种结合考虑了教师个体的差异和多元化的培训需求，为教师提供了个性化的专业成长路径。

总的来说，"三结合"教师培训特色模式不仅体现了专业引领的培训理念，还有效整合了各方培训资源，为教师的持续专业发展提供了广阔的空间。

（四）强化学科建设，筑牢教师队伍之基

第一，要加强对马克思主义基本原理、马克思主义发展史、马克思主义中国化等方面的研究，不断丰富和完善马克思主义理论体系。通过深入研究，为思政理论课教学提供坚实的理论基础和学术支撑。

第二，建立完善的马克思主义理论学科体系，包括课程体系、教材体系、教学体系等。制定科学的教学大纲和教学计划，编写高质量的教材，注重理论与实践相结合，提高学生的马克思主义理论素养和实践能力。

第三，加强师资队伍建设。定期组织教师参加马克思主义理论培训和学习，提升他们对马克思主义的理解和运用能力；积极引进国内外优秀的马克思主义理论学者和专家，加强校内人才的培养，鼓励教师攻读马克思主义理论相关学位，提高教师队伍的整体素质；组建以学科带头人为核心的教学团队，定期开展教学研讨和交流活动，共同提高思政理论课的教学质量。

第四，通过组织社会实践、志愿服务等活动，让学生在实践中深化对马克思主义的理解，提高运用马克思主义分析问题和解决问题的能力。

第五，加强与国内外高校和研究机构的交流与合作，共享学术资源，推动马克思主义理论的创新与发展，积极参与国际学术交流活动，提升我国马克思主义理论学科在国际上的影响力。

二、高校辅导员队伍建设

(一)辅导员的地位和作用

辅导员在大学生思想政治教育中占据着举足轻重的地位,其作用不容忽视。

1. 辅导员是大学生思想政治教育的核心执行者

辅导员是日常思想政治教育和管理工作的组织者、实施者和指导者,更是学生成长道路上的重要引导者,他们通过组织各种形式的教育活动,如主题班会、团日活动等,将社会主义核心价值观等思想观念传递给学生,引导他们树立正确的世界观、人生观和价值观。辅导员关注学生的学习、生活、情感等各个方面,及时解决学生在成长过程中遇到的问题和困惑。辅导员还承担着心理健康教育、职业规划指导等职责,帮助学生更好地适应大学生活,实现自我成长。辅导员及时传达学校的政策、规定和通知,让学生能够按照学校的要求顺利完成学业。辅导员也积极向学校反馈学生的意见和需求,为学校改进教育教学工作提供参考。

2. 辅导员在思想政治教育中起到关键的连接作用

辅导员在大学生思想政治教育的整个体系中如同桥梁和纽带,连接着上下各级。他们不仅负责将党委的指示和学校的管理制度落实到学生中,还负责收集学生的个人信息和反馈,为学校的决策提供参考。同时,他们还积极反映学生的困难和需求,向学校提出建设性意见,通过总结和分享基层思想政治教育的经验,对全校的思想政治教育产生积极影响。

3. 辅导员是创造健康校园环境的主力军

辅导员通过组织各种文化活动,如学术、科技、体育、艺术和娱乐等，将德育与其他教育领域相融合。他们还利用重要节日和事件，开展具有特色的主题教育活动，以此抵制不良文化的影响，营造出积极向上、健康有益的校园文化氛围。同时，在班级管理中，辅导员也发挥着核心作用，对班级文化的形成和发展起着至关重要的引导和塑造作用，为创造良好的校园环境贡献了不可或缺的力量。

（二）推进辅导员队伍建设的总体思路

为应对新时期思想政治教育的挑战，需要深入探讨辅导员队伍的发展路径。这不仅关乎辅导员个人的职业发展，更对高校学生工作的整体进步具有重大意义。

1. 全面构建辅导员队伍制度框架

为了推动辅导员队伍的持续、健康发展，需要构建一个全面、科学的制度体系。

第一，明确辅导员队伍的定位和职责。辅导员队伍通常是指高校中负责学生日常教育管理和思想政治教育工作的专职人员。在中国的高等教育体系中，辅导员是联系学生与学校各个部门之间的桥梁和纽带，是学生教育的主要力量之一。辅导员是思想政治教育者、学生日常管理者、学生心理健康指导者、学生事务服务者和学生权益保障者。他们的主要职责包括落实学生的思想政治教育，监督学生遵守校规，提供心理健康支持，协助解决学习和生活问题，指导职业规划与就业，并维护学生与家长及学校之间的良好关系。在履行这些职责时，辅导员需要不断地提升个人专业素质，以更有效地促进学生的全面发展。

第二，完善辅导员的选拔和聘用机制。应建立严格的选拔标准，注重考察应聘者的政治素质、业务能力和工作态度。通过公开竞聘、组织推荐等方式，选拔出优秀的辅导员加入队伍。

第三，加强辅导员的培训。定期组织业务培训、心理辅导技能培训等，提高辅导员的工作能力和专业素养。鼓励辅导员继续深造，攻读相关专业的硕士或博士学位，提升其学术水平。

第四，建立科学的考核和激励机制。制定明确的考核指标和评价体系，对辅导员的工作进行定期考核。根据考核结果，给予优秀辅导员相应的奖励和晋升机会,激发其工作积极性。

第五,为辅导员提供必要的工作场所和设施,为辅导员创造良好的工作环境,并制定合理的薪酬待遇政策,确保辅导员的收入与其付出相匹配。

第六,定期组织辅导员工作经验交流会、研讨会等活动,促进队伍内部的沟通与合作。与其他高校或相关机构建立合作关系,共享资源和经验,共同提升辅导员队伍的整体水平。

2. 系统构建辅导员队伍培养体系

为了全面提升辅导员的专业素养和工作能力,需要系统地构建辅导员队伍的培养体系。辅导员在高校中扮演着重要角色,他们既是教师也是管理者,这种双重身份使得对他们的培养显得尤为重要。

构建辅导员队伍培养体系,首先要做的是对辅导员的素质情况进行全面分析,并以此为基础,以提升他们德才兼备的综合素质为目标,来系统构建辅导员队伍的培养体系。这个体系需要能够优化和开发辅导员这一人力资源,同时在培养过程中满足他们的多元化需求。

系统构建辅导员队伍培养体系是一个涵盖选拔、培训、实践、评估激励及职业发展等多个方面的综合工程,需制定明确的选拔标准,通过公开公正的渠道吸引优秀人才加入辅导员队伍,并为其提供严格的岗前培训,确保新入职辅导员具备基本的职业素养和工作能力。接下来,应设立专门的培训机构和课程,对辅导员进行系统的专业知识培训,同时鼓励他们参加校外学习,不断拓宽知识视野。为了提升辅导员的实际操作能力,需要为辅导员提供丰富的实践机会,如参与学生工作、组织课外活动等。此外,科学的评估体系和激励机制也是必不可少的,它能够客观评价辅导员的工作表现,并激发其工作热情和创新精神。最后,要为辅导员规划清晰的职业发展路径,提供多元化的成长机会,确保他们在职业道路上不断前行。构建这一全面而细致的培养体系,目的是打造一支高素质、专业化的辅导员队伍,为学生的全面发展和校园的和谐稳定提供坚实保障。

3. 加强高校辅导员与其他学生工作队伍的协调配合

（1）辅导员与班主任的紧密协作

为确保高校辅导员和班主任两支核心学生工作队伍的协调一致，首先需在校系两级建立统一的学生工作领导体系。这一体系应将辅导员与班主任的工作都纳入管理范畴，确保两者之间的紧密配合。在管理上，应明确规定两者的职责，使得他们在工作中能够有章可循，相互支持。

在学风建设上，辅导员和班主任应共同营造一个良好的学习氛围。他们应通过主题班会、学习交流和严格的教学管理等方式，共同引导学生树立正确的学习观念，形成良好的学风。

此外，建立一个共享的工作信息平台是关键。辅导员和班主任应共同收集和更新学生信息，确保对学生情况的全面掌握。这不仅有助于他们更准确地评价学生，还能为他们提供全方位的指导和帮助。

（2）辅导员与思想政治理论课教师的协同合作

辅导员在思想政治教育中扮演着重要角色，他们不仅需要组织学生活动，还应成为思想政治理论课程教学的得力助手。为此，辅导员应熟悉思想政治理论课程大纲和内容，与理论课教师保持紧密沟通，共同维护教学秩序。

思想政治理论课教师也应深入了解学生的日常思想政治教育，与辅导员和学生干部保持联系。这样不仅能提高课堂教学的吸引力，还能增强教学的实效性。

在协调活动方面，辅导员和理论课教师应共同参与重要理论学习和专题讨论，建设好学生理论社团，并注重社会实践的指导。通过这些活动，他们能够帮助学生提升思想政治觉悟和理论水平，实现理论与实践的结合。这种跨角色的合作将有助于提高学生的整体素质，进一步推动高校思想政治教育工作的开展。

三、高校大学生党员队伍培养

(一)坚持大学生党员培养的原则

大学生党员,作为党的新生代力量,具有其独特性。在培养他们的过程中,既要遵循党员教育的一般性原则,也要充分考虑到他们的特殊需求。

1. 以人为本,教育为先

在培养大学生党员时,应始终坚守以人为本的原则,要全面考虑大学生党员群体的特性,并以此为基础设计有针对性的培训方案。同时,也要关注到群体中的个体,特别是那些面临困难和挑战的学生,提供必要的帮助和支持,包括解决思想和物质层面的问题,以及进行个性化的辅导和培训,以促进他们的全面发展。

大学生党员具有双重身份,他们既是大学生,又是党员。因此,对他们的培养工作,既是大学生思想政治教育的重要组成部分,也是党对党员进行教育管理、保持党员先进性的关键环节。这就要求我们在培养过程中,必须注重以人为本,强调教育的重要性。因为,思想工作与其他工作有着本质的区别,它要求受教育对象必须进行自我反思,同时,任何工作只有接受工作的人愿意主动去做,才能取得良好效果。

2. 实事求是,学以致用

大学生党员的培养工作应注重实践性,这就要求我们将实际学习和工作中的问题融入教育培训内容中。通过针对具体问题展开理论研讨,可以培养大学生党员应对复杂社会挑战的能力。现代教育心理学指出,大学生党员的实际生活经验深刻影响其思想政治观念。若能用恰当的理论正面回应这些问题,进而引导大学生党员的既有观念,将对其成长产生深远的积极影响。

学以致用的观点是马克思主义理论的核心组成部分。因此,在培养大学生党员时，采用理论联系实际的方法，不仅是为了传达党的理念、方针和政策，更是教他们如何运用马克思主义解决实际问题。马克思主义哲学强调，从经验中提炼理论是学习的关键，而将理论应用于实践则是解决问题的途径。在日常的专业学习中，大学生党员往往更关注前者，但在面对受实际生活影响较大的思想问题时，必须学会并重视后者。

实事求是是党在长期斗争中积累的宝贵经验，也是解决实际问题的有力工具。作为党的事业的未来接班人，大学生党员必须深刻理解和掌握这一方法，以解决当前和未来的实际问题。实事求是不仅能帮助大学生党员更好地面对现实挑战、解决思想困惑，还将在他们未来投身社会主义建设事业时，成为解决工作难题的有效手段。

3. 统筹协调，按需施教

大学生党员作为一个独特群体，与其他职业领域的党员相比，具有其鲜明的特性。他们年轻、经验尚浅，但塑造性强，正处于价值观、世界观和人生观形成的关键阶段。为了更有效地培养这一群体，必须深入分析他们的现状，统一规划，并根据他们的具体需求进行有针对性的教育。

在培养大学生党员时，应坚持“统筹协调、按需施教”的原则。这要求对大学生党员的思想问题进行全面、客观的分析，结合全员教育和分类教育、经常教育与集中教育，以及整体推进与突出重点等多种方法。针对不同类型的大学生党员，应实施分类教育，以切实解决他们在思想上遇到的各种挑战。

从教育学的视角来看，“统筹协调、按需施教”是一条经过验证且有效的教育原则，同样适用于大学生党员的培养工作。参考党组织对其他类型党员的培养经验，这一原则在实践中已被证明是行之有效的。

大学生党员群体具有复杂多变的思想观念和多样的类型层次，因此他们的思想需求也是多元化的。在这个群体中，既有擅长理性思维和逻辑思维的理工科学生，也有擅长形象思维的文科学生。鉴于这些不同的思维特点，不能采用“一刀切”的教育方式。在坚持普遍原则的同时，需要深入调查和研究，科学地将大学生党员群体进行分类，并针对不同类型采用相应的培训方法。

在全面提升大学生党员素质的过程中，需充分考量入党前后教育的连贯性与系统性，并据此构建一个层次分明、循序渐进的培训体系。这一过程并非一蹴而就，而是需要长期的坚持与努力。高校应高度重视并统一规划入党积极分子、党员发展对象、预备党员及正式党员的教育内容与方法，切实加大培训力度，确保每个环节都能得到充分的关注与提升。

在入党前的培训阶段，应将重点放在党的基本知识、理论和路线方针政策的传授上。通过系统的理论学习和实践活动，使入党积极分子和党员发展对象对党的性质、宗旨、任务和纪律等方面有清晰的认识，为他们今后成为一名合格的党员奠定坚实的基础。

而在入党后的培训阶段，则应更加注重党性修养的提升和理想信念的坚定。通过加强马克思主义理论的学习和实践，引导党员们树立科学的理想信念，坚定共产主义信仰。同时，我们还应强化宗旨意识、党员意识和组织纪律观念的教育，使党员们能够时刻牢记自己的使命与责任，保持先进性，发挥先锋模范作用。

同时，要平衡全员教育和重点培训的关系，抓住关键群体以整体推进。特别是对新生党员、新党员和毕业生党员等重点群体进行突出培训，引导新生党员快速适应大学生活；引导毕业生党员加强党性修养，为经济社会发展作出贡献；对新党员的培训，要按照党中央的要求，通过各种形式切实提高其思想素质，确保他们在思想上真正入党。

4. 营造氛围，潜移默化

营造氛围、潜移默化是通过创建一个崇尚学习的环境来影响和激励广大学生党员产生自发学习的意愿，让他们享受学习的过程，从而将学习视为一种乐趣、需求和习惯。这种教育方法能够使学生在无形中接受教育，进而提升其思想觉悟。

马克思和恩格斯曾指出："人创造环境，同时环境也塑造人。"这一原则在提升大学生党员的思想政治素质方面发挥着重要作用。环境本身即一种隐性的教育方式，具有强大的感染力。优质的环境能够陶冶人的性情，使人在不经意间受到正面的熏陶，从而巩固良好的行为习惯。相反，不良的环境则可能削弱甚至抵消思想政治教育的效果，对良好品德的形成造成阻碍。同时，环境还具有促进和约束的双重作用，它不仅能推动人们形成崇高的品德和科学的理想信念，还能通过其内在的约束力,使人们在不自觉中遵循行为规范。

在当前多元且复杂的教育背景下,高校党组织应积极引导青年大学生树立正确的价值观,传播正能量,以营造一个浓厚的学习氛围。这种氛围应成为思想政治教育的隐性课堂,能够有效激发学生党员学习理论的热情和主动性。

在实施过程中,可以采取以下途径来营造学习氛围:首先,干部党员应发挥模范带头作用,通过他们的学习行为来影响和激励学生党员;其次,通过广泛的宣传和动员,提高学习的自觉性,使广大学生党员认识到学习的重要性和意义;最后,完善学习机制,通过建立和完善学习制度、培训考核制度等,形成有效的激励和约束机制,从而促使学生党员更加主动地参与学习。

5. 自我修养,提高党性

自我修养和提高党性对于党员而言,是持续提升自我和保持政治坚定的关键。党性,作为政党的核心属性,体现在每个党员的思想与行为之中。通过自我学习和实践,党员们不断进行自我约束、改造和完善,以此确保政治信念的坚定性和道德的纯洁性,从而彰显共产党员的先进性。

自我修养和提高党性在党的建设中占据重要地位。它不仅是党员个人成长的动力源泉,更是其工作和学习的立身之本。这种修养并非天生具备,而是需要通过教育和党员自身的努力来实现。党组织开展的有计划、有目标的党性教育活动,有助于推动党员群体整体修养的提升。同时,党员个体也应通过自重、自省、自警、自励等方式,实现自我改造、自我教育、自我约束、自我提高和自我完善。

在培养大学生党员时,应贯彻自我修养和提高党性的原则。这要求教育引导大学生党员明确党性修养的具体内容,并付诸实践。党性修养涵盖多个方面,包括思想理论和政治素质、道德品质和作风、组织纪律以及科学文化素质等。理论修养强调通过学习提升马克思主义理论水平,运用这些理论解决实际问题;而政治素质修养则着重于提高政治觉悟,明确政治态度,坚定政治立场,并深化全心全意为人民服务的宗旨。

为了帮助大学生党员提升党性修养,需要引导他们掌握有效的方法和途径。首先,加强理论学习,提升自身的马克思主义理论素养,用这些理论来武装自己。其次,要鼓励他们勇于实践,在实践中锻炼自己,实现自我约束、自我激励和自我提升。再次,要培养自省的习惯,自觉抵制不良思想的侵蚀,保持自身的先进性和纯洁性。最后,要让他们理解并接受监督的重要性,认识到只有在党组织和群众的监督下,才能更好地在党内生活中经受考验、接受教育。

6. 与时俱进,改革创新

作为党的工作的基本原则,与时俱进、改革创新体现了时代精神的核心,同时也是增强党的创造力、凝聚力和战斗力的重要途径。在当今这个快速变化的世界中,必须紧跟时代步伐,以免被时代淘汰。特别是在当前全面建成小康社会的关键时期,必须坚持与时俱进,不断推进改革,以引领时代发展的步伐。

大学生党员培养作为党的一项重要工作,必须贯彻解放思想、实事求是、与时俱进、求真务实的思想路线。为了在大学生党员教育培训中贯彻与时俱进、改革创新的原则,需要做到以下几点:首先,不断解放思想。因为思想是行动的先导,只有解放思想,才能以发展着的马克思主义为指导,研究新情况,解决新问题,建立新体制,促进新发展。其次,正确处理继承和创新的关系。与时俱进、改革创新并不意味着要完全抛弃已有的经验和好的做法,而是在继承这些经验的基础上,改革其中不合理的成分,使原有的培训体制更加健全和完善。这样,才能确保大学生党员培养工作能够不断适应新的形势和任务,为党的事业培养出更多优秀的大学生党员。

(二)建立健全大学生党员培养的体制机制

1. 健全党委总揽全局的领导体制

各级党委应深刻认识到,持续提高党员素质是其肩负的重要职责。大学生党员的培养是一个综合性的系统工程,其成功的关键在于领导体制的建立与完善。

首先,加强党员培养是党的建设的内在要求,也是提升党员思想政治素质的重要途径。历史上，党始终高度重视党员培训工作，通过不断加强培养来提高党员的党性修养。从毛泽东到邓小平，再到江泽民、胡锦涛等领导人，都强调过思想政治工作的重要性，并指出各级党委和领导干部必须亲自抓思想政治工作，确保党的先进性和纯洁性。对于大学生党员这一特殊群体，他们不仅是党的未来领导力量，更是推动社会进步的重要力量。因此，积极培养他们的世界观、人生观和价值观，保持其先进性，对于党的事业发展具有深远意义。

其次，建立健全党委统一领导、统揽全局的领导体制，无疑是确保大学生党员培养工作有序、高效推进的核心所在。这一体制的构建不仅解决了决策和参与的权责问题，更为培养工作提供了坚实的制度支撑。高校党组织应站在保持党的先进性和提升执政能力的战略高度，深入谋划、精心部署，构建起党委统一领导、组织部门牵头、相关部门协同配合的组织领导架构。在这一架构下，大学生党员培养工作将被置于重要位置，纳入党委工作的议事日程和整体计划中，并作为一项长期性、系统性工程予以推进。为确保培养工作的深入开展，高校党委应定期听取关于大学生党员培养工作的汇报，及时了解工作进展和存在的问题。同时，领导干部要发挥表率作用，亲自参与到培养工作中来，明确工作方向，提供有力指导。通过这种方式来加强大学生党员的培养教育，引导他们坚定理想信念、提高党性修养、提升综合素质，从而为党和人民的事业培养更多优秀的人才。

最后，要充分发挥组织、宣传、纪检等部门以及党校的职能作用，形成密切配合的工作机制。通过建立党员教育培训工作联席会议制度来加强各部门之间的沟通与协作，共同推动大学生党员培养工作的顺利开展。

2. 建立多层次、全方位的实施机制

鉴于大学生党员具有多层次性和复杂性，高校必须确保各职能部门能够紧密合作，以开展富有成效的培训工作。

首要任务是明确各职能部门在大学生党员培养中的具体职责。高校党委应作为组织实施的主体，根据中央的指示精神，并结合本校的实际情况，构建一个由组织部门牵头，纪委、宣传部、党校等相关部门共同参与的实施机制。同时，二级单位党委（党总支）和大学生党支部需具

体负责组织相关的教育培训工作。

在培训过程中,各党委职能部门的分工应明确:组织部负责总体规划和宏观指导,制订培训计划,并对培训工作进行监督和考核;纪委则通过党风党纪教育来强化党员的自律意识;宣传部则利用校园网、广播等媒体进行思想理论传播,营造积极的舆论氛围;校党校则负责完善规章制度,加强师资和教材建设,并定期创办培训班。学院党委(党总支)作为各学院的政治核心,在培训工作中起着承上启下的关键作用。

为了确保培训工作的有效实施,高校需要狠抓落实,推动各项培训任务的顺利开展。高校各级党组织和部门要按照既定的职责分工,切实担负责任,并建立一个全过程、多层次、全方位的教育培训体系。从一名普通学生成长为坚定的马克思主义者,需要学校各级党组织的持续教育和培养。特别是高校党支部,作为培训工作的第一线,对于提高整体培训质量具有决定性作用。

考虑到大学生党员的层次性,校、院(系)两级党委应发挥主动性,构建多层级的党校机制,覆盖入党积极分子、党员发展对象、预备党员、正式党员以及党支部书记等各个层次,以确保每位党员在校期间都能接受到不间断的党性教育。同时,高校党校还应优化师资配置,加强培训管理,并通过全校范围内的师资共享、专题授课以及编写符合大学生党员实际的教材等方式,不断提升教学质量和培训的针对性。

3. 构建完善的教育培训保障机制

首先,要加强校院(系)两级党校的建设,并充分发挥其在大学生党员教育培训中的主阵地作用,包括完善规章制度、健全组织机构,并着力提升师资队伍的教学水平,以确保党校在教育培训中的核心地位。

其次,可以通过建立大学生党员培养基地、选择革命纪念场馆作为参观学习场所,以及利用反腐倡廉教育基地等方式来实现。这些实践平台将有助于深化大学生党员对党的方针政策的理解,加强党的历史教育,并培养他们的廉洁意识。

再次,高校应该加强主流媒体资源建设,充分利用互联网的优势,开发远程教育资源,促进党员培养资源的共享和多层次化。这将有助于丰富教育培训的形式和内容,提高培训的灵活性和实效性。

最后,高校需要建设一支高素质的师资队伍,他们不仅具备深厚的理论功底,还能将实践经验和教学成果融入教材中,还应根据大学生党员的特点编写适合的教材,以满足他们提升自我修养和进行党性锻炼的需求。

通过这些措施,可以确保教育培训的针对性和实效性,为大学生党员的成长和发展提供有力保障。

(三)拓展大学生党员培养的实践路径

在不影响专业知识学习的前提下,大学生党员的培养需根据他们的特点来组织安排。各级党组织在实施培养过程中,应开展多种以坚定理想信念为主题的教育活动。这可以通过加强马克思主义理论教育来提升其理论素质,通过实践教育来加强其党性修养,同时,通过一定的考评机制来增强其学习理论的自觉性和主动性。

1. 强化理论培训与实践锻炼

对大学生党员进行系统的中国特色社会主义理论教育,包括马克思主义基本原理、党的历史、党的路线方针政策等内容,帮助他们牢固树立科学的世界观和方法论。除了传统的课堂讲授外,还可以采用专题讲座、个人学习、观看录像、分组讨论、大会交流等多种形式进行理论培训,以提高学习效果。可以通过撰写学习心得、考勤和理论考试等方式对学员的学习成果进行考核,确保培训效果。例如,可以要求学员撰写1000字以上的学习体会,并占总考核成绩的10%;同时,监督落实各培训人员的考勤,考勤情况占总考核成绩的20%;最后,通过理论考试检验学员对理论知识的掌握情况,该考试分数占总考核成绩的70%。

组织大学生党员深入社区、街道开展卫生清理、垃圾分类、社区调查等服务工作,培养他们的服务意识和实践能力。同时,通过走访空巢老人、特殊儿童家庭等活动,让他们更加了解社会现实,增强社会责任感,增强服务意识,从而坚定马克思主义的群众观点。

鼓励大学生党员积极参加各项大型比赛、会议志愿服务以及暑期社会实践等活动。这些活动不仅可以增强他们的纪律意识、服从意识和协作意识,还能培养活动组织、协调和沟通能力。通过开展“面对面、谈思想”“青马路、追梦人”“党员说、凝共识”等活动,邀请党政领导、教工党支部书记、党员教师等担任培养联系人或入党介绍人，与大学生党员进行谈心谈话和思想引领，帮助他们坚定理想信念、牢记入党初心并明确进步方向。

2. 创新方式方法，拓展教育平台

随着时代的变迁与形势的不断演进，大学生党员的培养目标、任务以及核心内容都在持续发生变革。因此，高等院校必须紧跟时代的步伐，适应新形势下的新任务要求，积极主动地探索出一套高效且灵活多样的培养路径与方法，并持续拓展教育培训的广阔平台。

第一，深入探索适合当代大学生党员个性特点的培训策略。在继承传统有效方法的基础上，要紧密结合当前形势的发展特点以及大学生党员自身的特质，进行针对性的改革创新。例如，优化集中培训的形式，实现经常性教育与集中教育的有机衔接；加强人文关怀，全面关注大学生党员的健康成长；增加互动环节，使单向的知识灌输转变为双向的交流互动；注重成才教育，促进党性教育与成才教育的深度融合；同时，还需突出分类教育的重要性，确保普遍教育与分类教育相得益彰。

第二，积极拓展多元化的培养载体，构建立体化、互动式、信息化的党员培养平台。具体来说，可以在大学生党员群体中积极推广学习型组织的建设，激发他们的自我教育意识与能力；将大学生公寓打造成为党员教育培训活动的新阵地，让党建工作更加贴近学生生活；同时，充分利用现代网络技术，开辟线上教育培训的新空间，如建立网上党校、党建 BBS 专栏等，开展网上授课、在线答疑以及师生互动交流等丰富多彩的活动，从而构建一个全面、高效、便捷的党员培养体系。

第四节　深化实践教学，提升党建与思想政治教育工作实效

一、实践教学的基本形式

实践教学是我国大学生成长成才的必要环节，其主要包括以下几种教学形式。

（一）课内实践教学形式

课内实践教学，作为实践教学的重要组成部分，不仅能够有效节约实践教学经费，还能显著提升实践教学的效率，推动实践教学向更深层次发展。结合现代教育理论和当前思想政治教育的实际情况，思想政治课内实践教学具有以下几种主要方式。

1. 互动式课堂讨论

课堂讨论是展现学生主体性和教师主导性的关键实践教学方式。在这种方式中，教师会根据社会热点和难点问题，引导学生确定讨论方向。学生则积极搜集相关资料来支持自己的观点，并与同学进行深入交流和讨论。这种互动式学习不仅激发了学生的思维火花，还加深了对理论知识的理解。

在实施课堂讨论时，教师需要精心准备相关学习材料，并在适当的时机引导学生展开讨论。同时，教师还要留给学生足够的思考时间，并妥善处理可能出现的冷场情况，适时采用刺激策略来激发学生的讨论热情。

2. 创新性模拟教学

模拟教学打破了传统以教师为中心的讲授模式,让学生成为课堂的主导者。在这种模式下,学生可以亲自讲授思想政治理论,从而促进对理论的理解和掌握。同时,其他学生也可以对讲授内容提出质疑,从而增加课堂上的互动和交流。

在实施模拟教学时,教师不仅要提升自己的思想政治理论水平,还要巧妙掌控课堂节奏,既不打断学生的思路,又能确保课堂流程的顺利进行。

3. 针对性视频资料学习

通过观赏具有艺术性和教育性的视频资料,可以增加思想政治理论的吸引力,并作为思想政治教育的有益补充。视频资料学习不仅限于课堂内,也可以延伸到课堂外。在学习过程中,教师应结合生活实际和理论实际进行点评,并引导学生进行深入讨论,以确保学习效果。

4. 小组合作式思想政治教育

小组合作式教育是现代教育理论在思想政治教育中的创新应用。教师将学生分成若干小组,分配具体任务,让学生通过调查和资料查找形成自己的观点,并通过组内讨论和组间辩论来深化理解。这种形式能够充分发挥学生的主动性和创造性,提升对思想政治理论的理解和运用能力。

在实施小组合作式教育时,教师应结合实际情况灵活安排活动形式和内容,并鼓励学生在活动中积极发挥创造性,不盲目照搬他人理论或实践模式。同时,教师还应关注活动的方向性要求,确保活动内容与思想政治教育目标的一致性。

(二)课外实践教学形式

课外实践教学是党建和思想政治教育工作不可或缺的一环,它通过系统地融合实际生活与思想政治教育，显著提升了教育的实效性。这种教育方式能够有效地将社会现实和人民生活状况融入大学生的学习过程中，使他们能够以社会为课堂，以人民为教师，进而结合社会实践来提升自身综合能力。

课外实践教学的形式多种多样，包括参观调查、阅读研究、校园文化活动和志愿服务等。在当前新的教育教学形势下，需要根据社会发展的现状，对这些实践形式进行创新和发展。

1. 社会参观与实地调查

社会参观与实地调查是课外实践教学的一种常用方式。教师根据党建和思想政治教育工作的需求，组织学生进行参观、访谈和问卷调查等活动，以收集第一手信息资料。这种方式的优势在于能够帮助学生培养解决实际问题的能力，并提升他们的数据处理和分析能力。

为了不断完善和创新这种形式，需要关注当前社会的热点问题，并在实践中坚持科学的方法和思想政治教育的思辨性方法。

2. 阅读与研究实践

阅读对学生全面发展具有重要意义，特别是在思想政治理论教学中。通过阅读研究实践，学生可以深化对理论的理解，提升研究问题的能力，并培养独特的气质和提高个人素养。

学校管理者应高度重视营造良好的阅读氛围。同时，要教育和引导学生转变读书观念，积极获取第一手文字资料。此外，还需要在制度上鼓励学生进行阅读研究，采用多种方式进行综合运用。

3. 丰富多样的校园文化活动

校园文化活动是推动课外实践教学深入发展的重要动力。作为一种隐性课程，校园文化活动能够贴近学生生活、贴近实际，成为大学生自我教育和自主实践的有效途径。由于其具有较强的实践性和大众性特点，可以吸引广大学生积极参与。

为了充分发挥校园文化活动在党建和思想政治实践教学中的作用，

需要不断创新活动形式和内容。同时，还要加强活动的组织和管理，确保活动有序、有效地进行。

总的来说，课外实践教学的创新与发展是推动党建和思想政治教育的关键。通过社会参观与实地调查、阅读与研究实践以及丰富多样的校园文化活动等形式，可以更好地将实际生活引入思想政治教育中，实现大学生以社会为课堂、以人民为教师的学习目标，进而提升他们的综合能力和素养。

（三）虚拟实践教学形式

随着互联网技术的迅猛发展，虚拟实践教学已成为高等教育领域的一大创新。虚拟实践教学、社会实践教学与课内实践教学共同构成了全面而立体的教学体系。对于大学生而言，网络不仅是获取知识的宝库，更是表达思想、交流观点的重要平台。思想政治实践教学亟须与网络深度融合，通过网上调查、建设专题网站、运营博客微博、管理网络论坛以及创建课程聊天室等多样化手段，有效提升实践教学的互动性和实效性。

1. 网络社会调查的实施

借助互联网的高效便捷性，可以在网络上开展广泛的社会调查。近年来，网络调查在交互性、即时性等方面取得了显著进步，其优势在于实施范围广泛且成本较低。因此，网络社会调查作为一种新颖的虚拟实践教学形式，能够有效解决经费和教学对象的限制问题。

在开展网络社会调查时，应注意以下几点：首先，结合学生实际和思想政治教育需求，自主开发适用的软件程序，打造专业的调查平台；其次，指导学生做好信息的筛选与甄别，确保调查数据的真实性和有效性；最后，在处理信息时，教师应引导学生按照党建和思想政治教育的要求，确保调查结论的科学性与思辨性。

2. 网络论坛的管理与引导

网络论坛是大学生就社会热点发表观点的重要场所，对于他们的成长具有重要意义。因此，论坛管理不仅关乎学校工作，更影响学生的健康成长。实践证明，网络论坛在信息交流、行为规范、科学决策等方面发挥着重要作用。

将网络论坛管理作为实践教学的一部分，需要围绕特定主题展开讨论，选择具有理论意义和实践意义的课题，引导学生在网络平台上中展开深入的专题讨论。同时，保持论坛主题的开放性，涵盖生活的多个方面，并始终坚持正确的政治方向，发挥舆论导向功能。

3. 开设个性化的博客与微博

博客和微博作为网络表达的新方式，因其个性化特点而受到青睐。特别是微博，因其简单、方便、快捷等特点成为大学生表达观点的重要渠道。

博客和微博的交流价值和共享精神使其成为引导大学生思想发展的有效手段。在这些平台上，学生可以就某一主题平等发表观点，摆脱课堂讨论的时空限制。博客和微博还能详细记录学生的思想信息，既可作为社会监督的依据，也可作为学生自我反思的工具。

4. 建立实时互动的课程聊天室

网上聊天室提供了即时的交流平台，支持文本、语音、视频等多种交流方式。这一平台突破了空间限制，实现了远程网络讨论和学习。在聊天过程中，教师应根据教学要求正确把握讨论方向，确保信息交流的及时性和有效性。

二、实践教学与学生党建、思想政治教育工作相结合

（一）实践教学与学生党建、思政教育工作结合的可能性

在高校党建和思政教育中，实践教学与学生工作是紧密相连的。实践教学不仅能细化学生工作，同样，学生工作也能为实践教学提供丰富的资源和渠道。二者的有机结合，为提升学生的实践能力和思想政治素

养创造了良好的条件。

1. 学生工作为实践教学开辟更多实践机会

学生工作涵盖了管理学生相关资源的任务，这些资源的管理和运作需要大量的学生参与。因此，可以通过整合这些校内岗位，为学生提供宝贵的校内实践机会。例如，组织学生参与教室的清洁和维护，参与校园网站建设和软件开发等项目。这样的实践活动既能锻炼学生的实际操作能力，提升他们将理论知识转化为实践技能的能力，同时也为他们社会适应能力和创新能力的培养奠定基础。

2. 通过社团管理，引入校外实践教学资源

大学生社团作为学生自发组建的团体，具有多样性和广泛性的特点。学生工作可以通过对社团的有效管理，将校外资源融入校内实践教学，从而为学生提供更多的社会实践机会。社团不仅为学生提供了展示自我、交流学习的平台，同时也是学生与校外企业、社会进行有效沟通的重要桥梁。因此，可以把大学生社团作为实践教学的一个重要切入点，通过与校外企业的合作，为学生提供更加丰富的实践教学内容。

3. 激发学生参与实践教学的积极性

实践教学的主体是学生，而学生工作也是以学生为中心。可以通过学生工作来调动学生的积极性，鼓励他们主动参与到实践教学中来。学生内心对于实践教学有着强烈的渴望，他们希望通过实践来展示和检验自己的能力。通过学生工作的引导和激励，可以营造一种以学生为主导的实践教学氛围，让学生自主选择实践教学的形式和内容。这种学生主动参与的实践教学方式，不仅有助于实现实践教学的目标，更能有效地促进学生思想观念的转变和提升，为社会主义建设事业培养出更多优秀的后备人才。

（二）实践教学与学生党建、思政教育工作结合的方式探索

学生党建和思政工作与实践教学的结合，可以从校内资源整合、校外企业社区联系等方面入手，构建一种全新的、全方位的实践教学体系。

1. 校内资源的优化配置与勤工俭学岗位的设立

通过整合和优化校内资源，可以为在校大学生提供勤工俭学岗位。这些岗位不仅为学生提供了实践机会，还是进行实践教学的重要环节。在岗位分配前，学生工作者应对参与者进行系统的教育，强调工作的意义、标准和要求，确保学生明确自己的职责和目标。在工作过程中和结束后，要对学生的表现给予及时、客观的评价，帮助他们认识到自己的优点和不足，以便更好地提升自我。

更为重要的是，勤工俭学的教育内容应与高校思想政治理论课紧密结合，将马克思主义基本原理、毛泽东思想和中国特色社会主义理论体系融入其中，使学生在实践中深刻理解和领悟这些理论的现实意义。通过这种方式，不仅可以提升学生的实践能力，还能培养他们的思想政治素养，进一步推动和谐校园文化的建设。

2. 校外企业社区的合作与实践教学渠道的拓展

由于校内资源有限，所以需积极拓展校外实践教学渠道，充分利用社会资源，为学生提供更广阔的实践平台。通过与校外企业和社区的合作，可以将实践教学的课堂延伸到社会，使学生更直观地了解社会和职业环境。

合作方式可以多样化，如邀请校外企业或社区的优秀人才进校举办讲座或工作坊，分享他们的经验和见解；建立实践模拟场所，利用现代技术展示企业和社区的运行模式，让学生进行模拟操作；组织学生参观企业，亲身体验工作环境和流程；开展社区服务活动，培养学生的社会责任感和团队协作精神等。

通过这些合作方式，不仅可以为学生提供丰富的实践教学资源，还

能帮助他们与社会建立联系,提升他们的职业素养和综合能力。

3. 学生积极性的调动与实践教学氛围的营造

要确保实践教学的效果,关键在于调动学生的积极性。可以通过建立激励机制、举办实践活动、加强宣传教育等方式,营造一种积极参与实践教学的校园氛围。例如,可以设立实践教学奖学金或举办实践成果展示活动,激发学生的实践热情;通过校园媒体和社交平台宣传实践教学的意义和成果,提高学生的认知度和参与度。

同时,还可以鼓励学生自发组织与实践教学相关的社团或活动,形成一种学生自我驱动、自我管理的实践教学模式。这样不仅能有效提升学生的实践能力,还能培养他们的创新思维和团队协作精神。

三、实践教学与社会实践相结合

实践教学与社会实践的紧密结合是教育发展的必然趋势。这种结合形式多样,其中志愿者服务和大学生实习是两种典型的渠道。

(一)志愿者服务:实践教学的有效平台

志愿者服务,作为一种自愿、无偿为社会贡献力量的行为,不仅体现了个人道德感和社会责任心,也为实践教学提供了宝贵的平台。

从实践教学的角度来看,志愿者服务的优势显而易见。首先,由于志愿者服务是非功利性的,参与者更容易接受正面的教育和引导,这为实践教学的开展奠定了良好的基础。其次,志愿者通常以团体的形式活动,这便于成员之间的相互学习和交流,实践教学的内容也更容易被接受和传播。最后,在大学环境中,参与志愿者服务已成为一种时尚,这极大地提高了大学生对实践教学的接受度和参与度。

(二)大学生实习:实践教学的天然载体

大学生实习作为一种实践教学与社会实践相结合的形式,具有显著的优势和不可替代性,它不仅能够帮助学生更好地理解和掌握理论知识,还能够为他们未来的职业发展奠定坚实的基础。

一方面,实习是大学生必须经历的一个环节,这既节省了额外的教学资源,又能有效调动学生的积极性。另一方面,实习的目的不仅在于检验学生的专业知识,更在于培养学生的思想道德品质和社会适应能力,这与理论教学的目标是高度一致的。通过实习,学生可以将课堂上学到的抽象概念转化为具体的工作技能和经验,从而加深对专业知识的理解和应用。再有,通过实习,学生可以更深入地了解自己所学的专业领域,以及该领域的工作环境和要求,帮助他们更好地规划自己的职业发展前景,明确自己的职业目标。实习还可以帮助学生发现自己的兴趣和优势,从而更有针对性地选择适合自己的职业方向。

在实施实践教学与实习相结合的过程中,需要注意以下几点：一是要加强实习过程中的教育引导,确保学生在实习中不仅提升专业技能,还能接受到有效的思想教育；二是要根据学生的实际需求安排理论教学内容,特别是针对学生在实习中暴露出的职业道德和礼仪修养方面的问题进行有针对性的教学；三是要充分利用实习地点的文化资源和企业社区的权威性,与企业社区紧密合作进行实践教学,以提升学生的职业素养和综合能力。

第八章　新时期高校党建与思想政治教育工作协同育人

第一节　高校党建工作与思想政治教育工作的区别与联系

一、高校思想政治工作与大学生党建工作的区别

在新时期背景下，虽然高校思想政治工作与大学生党建工作在高校育人体系中具有密切的联系，但它们在本质上存在一些关键的差异。为了深入理解二者在高校育人工作中的逻辑关系，并探索新时代协同育人体系的发展，我们需要明确它们各自的独特性，并在此基础上寻找协同发展的机遇。

（一）本质属性的区别

根据马克思主义哲学，社会的基本结构由“经济基础”和“上层建筑”组成，其中“上层建筑”又分为“政治上层建筑”和“思想上层建筑”。大学生党建工作，涉及高校党组织的管理和建设，属于“政治上层建筑”的范畴，其核心在于党的组织建设和政治领导。而高校思想政治工作则更多地聚焦于对学生意识形态、价值观和道德规范的塑造，属于“思想上层建筑”，其重点在于思想引领和文化熏陶。

（二）工作领域的区分

高校思想政治工作内容丰富，不仅包括马克思主义理论教育、爱国主义教育，还涵盖了广泛的社会实践活动，通过系统的教育和教学过程，对学生的思想和行为产生深远影响。相比之下，大学生党建工作则侧重于党的理论教育、组织生活和党员管理，其目的是确保党的方针政策在高校中的贯彻落实，并提升党组织的凝聚力和战斗力。

（三）工作对象的差异

高校思想政治工作面向所有大学生，旨在通过教育和引导，促进学生全面发展，其工作内容和方法需要结合学生的心理特点和个性发展需求。而大学生党建工作则更聚焦于党员和入党积极分子，强调党的纪律和组织原则，其工作更注重规范性和系统性，以及对党员个体思想政治素质的深化培养。

二、高校大学生思想政治教育与党建工作的相互作用

（一）高校思想政治工作是大学生党建工作的核心

大学生党建工作旨在培养具有坚定共产主义信仰和较高思想觉悟的党员，而思想政治工作正是实现这一目标的重要途径，通过加强思想政治教育，可以帮助学生树立正确的世界观、人生观和价值观，增强他们的党性觉悟和政治素养，为成为合格的共产党员打下坚实基础。

1. 高校思想政治工作构成了大学生党建工作的关键途径

第一，高校思想政治工作为大学生党建工作提供了坚实的理论基础。思想政治工作致力于传播马克思主义理论和党的路线方针政策，帮助学生树立正确的世界观、人生观和价值观。通过深入学习和理解党的理论，大学生能够形成坚定的共产主义信仰，提高对党的认同感和归属

感，从而为党建工作奠定坚实的思想基础。

第二，高校思想政治工作是选拔和培养优秀大学生党员的有效途径，在思想政治工作中，教育者可以通过观察学生的表现，发现那些具有政治觉悟高、思想品德好的优秀分子，引导他们积极向党组织靠拢。同时，思想政治工作还可以为大学生提供必要的入党前教育和培训，帮助他们了解党的历史和优良传统，明确党员的责任和义务，为成为一名合格的共产党员做好准备。

第三，高校思想政治工作为大学生党建工作提供了有效的宣传和教育手段。通过开展各种形式的思想政治教育活动，如主题班会、讲座、演讲比赛等，可以广泛宣传党的理论和方针政策，增强学生的政治敏锐性和鉴别力。这些活动不仅可以提高学生的思想觉悟和政治素养，还可以激发他们的爱国热情和社会责任感，从而更加积极地参与党建工作。

第四，高校思想政治工作可以促进大学生党建工作的创新发展。随着时代的变迁和社会的发展，大学生党建工作也需要不断与时俱进。思想政治工作可以引导大学生关注时事政治和社会热点，培养他们的创新思维和实践能力。这些能力素质的提升将有助于大学生在党建工作中发挥更大的作用，推动党建工作的创新发展。

2. 高校思想政治工作是大学生党建工作的动力源泉

首先，高校思想政治工作为大学生党建工作提供了必要的理论准备。通过接受思想政治教育，大学生能够对党的理念、历史和宗旨有更为深入和准确的理解，这种理解不仅让大学生对党有了正确的认识，也为他们未来可能参与的党建工作提供了扎实的理论基础。换句话说，思想政治工作在大学生心中播下了对党的认同和信仰的种子，为党建工作的顺利开展提供了思想保障。

其次，高校思想政治工作倡导“以德为先”“德才兼备”的理念，为大学生的全面发展指明了方向。这一理念不仅与党建工作的目标高度契合，也为大学生在党建工作中发挥积极作用提供了动力。通过培养大学生的道德品质和政治素养，思想政治工作实际上是在为党建工作培养合格的人才，这些人才将成为党建工作的中坚力量。

再次，高校思想政治工作营造了积极向上的校园文化氛围，这种氛围对大学生党建工作产生了积极的推动作用。在积极向上的校园文化中，大学生更容易受到激励，更愿意主动参与党建工作，这种氛围的形成，离不开思想政治工作的引导和塑造。

最后，青年学生群体在接受思想政治教育后取得的成效，直接关系到大学生党建工作的质量和成效。只有当高校思想政治教育取得显著成效时，大学生的道德和政治素养才会得到提升，选拔出的大学生党员也才会更加优秀。这些优秀的党员将在党建工作中发挥示范和引领作用，推动大学生党建工作向更高水平发展。

（二）大学生党建工作为高校思想政治工作提供重要保障

首先，大学生党建工作确保了高校思想政治工作的正确方向和丰富内容。通过将习近平新时代的中国特色社会主义思想、最新的方针政策等融入思想政治教育中，党建工作不仅为思政工作提供了坚实的理论指导，还确保其与时俱进，紧跟时代步伐。这使高校思想政治工作能够更加深入地开展，引导学生树立正确的世界观、人生观和价值观。

其次，大学生党建工作为高校思想政治教育提供了可靠的组织保障。党建工作始终坚持党的领导，加强党的建设，这为思想政治工作提供了坚实的组织后盾。在党组织的领导下，思想政治教育能够充分发挥其意识形态教育的功能，使高校育人事业有序开展。同时，党建工作还通过选拔和培养优秀的学生党员，为党组织注入了新鲜血液，这些优秀的学生党员在青年大学生群体中发挥了重要的“先锋模范”作用，引领着更多的同龄人积极向上、奋发有为。

三、高校大学生思想政治教育与党建工作同频共振

高校思想政治教育与大学生党建工作之间存在着紧密的联系，二者在高校的发展中起到了重要的思想引领和政治保障作用。深入探究二者的内在联系，我们会发现它们在多个方面都具有显著的共性和互补性，这为二者的协同育人提供了坚实的基础。

（一）理论基础的共通性

高校思想政治教育与大学生党建工作的理论基础都源于马克思列

宁主义,这使二者在理论层面上具有高度的共通性。思想政治工作以马克思主义为指导,注重大学生的思想教育、政治教育和道德素养培养。而党建工作则以党的最新理论为指导,致力于加强大学生的思想、组织、制度和作风建设。尽管侧重点不同,但二者在理论上具有深厚的共同基础。

(二)目标任务的共同性

作为人才培养的摇篮,高校所有工作都围绕着"立德树人"这一根本任务展开。无论是思想政治教育工作,还是党建工作,都致力于培养具有坚定理想信念、高尚道德品质、良好政治素养的新时代好青年。因此,在目标和任务上,二者具有高度的共同性。

(三)工作方法的互补性

在高校育人实践中,思想政治教育和党建工作都强调"以学生为本"的理念,注重因材施教、个性化教育。二者在工作方法上相互借鉴、相互补充。例如:通过党课、政治理论课等渠道引导大学生树立正确的政治立场和理想信念;通过课堂讲授、社会实践、志愿服务等多种形式的活动,潜移默化地影响大学生的思想观念、政治观点和道德规范。这种理论与实践相结合的教育方式,增强了教育的感染力和实效性。

(四)发展困境的一致性

全球化的深入发展和网络信息化的飞速进步使得高校思想政治教育和党建工作都面临着前所未有的挑战。市场经济的快速发展和西方文化的冲击对大学生的思想观念、道德理念产生了深远影响。同时,网络信息的泛滥和不良信息的传播也给大学生的思想意识带来了严重冲击。这些挑战使得高校思想政治教育和党建工作的难度不断加大。然而,面对这些共同的困境和挑战,二者更加需要紧密合作、共同应对。

第二节　高校党建与思想政治教育工作协同育人理论基础

在新时代的背景下，党中央提出的“将思想政治教育深度融入教育教学各环节”“构建各类型课程与思想政治理论课的协同育人机制”以及实施“全方位、多角度育人”等重大战略思想，为高校育人工作的全面推进提供了坚实的理论基石和明确的指导方向。高校思想政治工作与大学生党建工作，均将“立德树人”作为核心使命，在内容引导、师资配备和育人作用等多个层面相互依存、共同推动。

二者协同育人的理论基础，不仅扎根于马克思主义关于上层建筑与经济基础辩证关系的深刻论述中，还汲取了德国物理学家哈肯所提出的“协同理论”的精髓。通过整合二者的教育资源与优势，构建协调统一的教育体系，能够更好地培养德智体美劳全面发展的社会主义建设者和接班人，为国家的繁荣富强和民族的伟大复兴贡献智慧和力量。

一、上层建筑与经济基础关系论

马克思在《黑格尔法哲学批判》中详细阐述了经济基础与上层建筑之间的关系，指出经济基础决定上层建筑，而上层建筑包括政治上层建筑和思想上层建筑两个方面。其中，政治上层建筑主要由政治制度、国家机器等组成，而思想上层建筑则涵盖了各种意识形态形式。高校思想政治工作和大学生党建工作正是上层建筑在政治和思想领域的具体体现。它们之间紧密相连，共同构成了高校育人的完整体系。

二、马克思主义“合力论”

恩格斯晚年的“历史合力论”强调历史发展是多种力量共同作用的结果。这一理论同样适用于分析高校思想政治工作与大学生党建工作的协同育人关系。在二者的共同努力下，形成了推动高校育人工作发展的强大合力。这种合力的形成，既体现了各自独特的育人价值，也实现了力量的整合和优化配置。从联系与发展的角度来看，高校思想政治工作与大学生党建工作的紧密联系是推动其协同发展的重要动力和基础。

三、哈肯的“协同理论”

20 世纪 70 年代，哈肯提出了“协同理论”，该理论揭示了不同事物之间存在共同特征和协同机理。在高校育人工作中，思想政治工作与党建工作可以看作是两个相互作用的子系统。通过协同理论的运用，可以促进这两个子系统的相互配合和协作，实现共同的育人目标。这种协同作用不仅能够提升各自的育人效果，还能产生“1+1>2”的倍增效应。

四、新时代背景下的“协同育人”理念

在新时代背景下，高校面临着培养社会主义建设者和接班人的重要任务。为了实现这一目标，需要坚持“全方位育人”的理念，整合校内外的各种资源力量，形成育人的强大合力。同时，还需要加强党组织建设和大学生的党建工作，以巩固党的领导和意识形态阵地。在协同理论和中国特色社会主义理论的指导下，应当积极探索符合时代发展要求的育人新途径和新模式。

第三节　高校党建工作与思想政治教育工作协同育人现状分析

在新时代背景下，高校思想政治工作与大学生党建工作面临着新的发展任务和挑战，同时也展现出广阔的发展前景。二者在高校育人体系中的地位日益凸显，其协同育人具有重要的现实意义和时代价值。然而，就当前高校的实际情况来看，二者在理论指导、工作体制、队伍建设以及针对的主体方面仍存在诸多不足，这不仅影响了各自的工作成效，

也在一定程度上制约了协同育人的实现。为了推动高校育人工作的更好发展，需要深入分析这些问题产生的原因，并基于现有的理论和制度基础，结合时代特征，坚持创新理念，探索更多的协同育人新路径。

一、新时代对高校思想政治工作与大学生党建工作的新要求

在当前社会主义发展的新形势下，大学生思政和党建工作需要顺应时代的变化，不断进行创新。

（一）高校思想政治教育的新时代要求

1. 加强党的全面领导，深化思想政治教育的育人功能

新时代的高校思想政治教育必须毫不动摇地坚持党的领导，确保党在高校意识形态领域的指导地位，全面贯彻党的教育方针，确保高校思想政治教育工作与国家教育政策保持高度一致。高校党委要切实负起政治责任和领导责任，将思想政治工作列入重要议事日程，并加强对高校思想文化领域重大问题的分析研判。思想政治理论课是巩固马克思主义在高校意识形态领域指导地位的重要阵地，是全面贯彻党的教育方针、落实立德树人根本任务的主干渠道和核心课程。要坚持不懈地传播马克思主义科学理论，讲清讲透习近平新时代中国特色社会主义思想，全面推动其进教材、进课堂、进学生头脑。建立多元化的思想政治教育体系，包括课堂教学、社会实践、网络教育等多种形式，让学生在不同的环境下接受思想政治教育。通过实践活动让学生亲身感受社会发展的脉搏，增强学生的社会责任感和使命感。

2. 坚持以人为本，推动课程思政的改革创新

高校思想政治工作应始终坚守以学生为中心的根本原则，针对不同学生的专业背景、年级差异、层次差异与个体定位，制订一套个性化且富有针对性的教学计划，通过深化思想政治教育的精准度，有效地提升其整体的实效性。

高校教师应秉持开放与创新的精神，积极推进课程思政的教学改革，不断探索适应学生特点的教学方式方法。在尊重学生的主体地位的同时，教师应通过巧妙的引导，帮助学生实现自我教育、自我提升与自我反思，从而最大限度地激发学生的参与热情与学习动力。

高校应高度重视课程思政内容与实践活动的有机结合，确保它们更加贴近学生的日常生活和学习实际。通过强化思想政治工作方法的亲和力与高效性，让学生在潜移默化中接受思政教育，进一步提升思想政治工作的吸引力和感染力。

3. 利用新媒体平台，稳固校园网络舆论的主流声音，引领积极向上的舆论氛围

当代大学生性格活跃、思维敏捷、创造力卓越，这一特质决定了他们所接触和接受的网络舆论内容充满了鲜明的时代烙印。在浩如烟海的网络信息中，高校有责任且必须精准把握正确的舆论方向，确保校园网络舆论的主流声音始终健康向上。

为了实现这一目标，高校应充分利用新媒体的传播优势和网络教学平台的便捷性，积极传播正能量，让大学生在潜移默化中受到正确的价值引导。同时，高校还须紧跟新时代的步伐，及时响应党和国家的号召，将国家的大政方针和核心价值观融入网络舆论的传播之中。

高校应对大学生的网络舆论进行严格监管和把控，坚决抵制各种错误思潮和有害信息的侵蚀。要明确划定网络言论的底线和原则性问题，从源头上遏制错误舆论导向的产生。高校应对违反规定的言论和行为给予严肃处理，以维护校园网络舆论的纯净和健康。

通过准确把握新时代校园网络舆论的主旋律，高校可以进一步推动思想政治教育工作的深入开展。通过丰富的活动形式和创新的宣传手段，让大学生在参与的过程中感受正确的价值观，在互动中增进对国家和社会的认同感。这样不仅有利于提升大学生的思想政治素养，还能为高校营造一个和谐、稳定、积极向上的舆论氛围。

4. 深化多元管理体系，增强思想政治教育的实效性

作为高校教育体系中的关键一环，思想政治理论课始终备受各级党委的深切关注与高度重视。针对当前社会所面临的各类突出问题，高校

应当立足育人工作的各个环节与参与者视角，采取切实有效的措施，进一步完善工作格局，夯实队伍建设，并提供有力的支持保障。

此外，高校还应不断探索并创新思想政治工作的路径与教育内容，致力于优化社会、校园、家庭等多维度环境，将优良的思想政治品德融入独特的文化氛围中，并融入富有时代特色的思想道德教育内容。通过深入挖掘并充分利用榜样引领和督促激励的作用，营造出一个科学且健康的思政教育环境。

在这样的环境中，大学生能够自觉地抵御外界环境所带来的不良诱惑与负面影响，进一步提升思政教育的实效性，为培养具备高尚道德情操与坚定理想信念的新时代青年奠定坚实基础。

（二）高校大学生党建工作的时代新要求

随着时代的发展，党章的不断修订和完善，反映了中国共产党与时俱进的指导思想。这些新思想为党建工作在新时代下设定了新的目标和任务。由于高校在社会和国家中的重要地位，大学生党建工作不仅是高校育人工作的核心，也是党与广大青年群体联系的重要桥梁。

1. 加强党的全面领导地位

新时代的社会主要矛盾转变对党的工作方向提出了新的要求。大学生党建工作，作为高校党建的不可或缺的一部分，须坚定党的全面领导。自党的十九大以来，为提升大学生的整体素养，特别是解决他们的政治信仰问题，高校大学生党建工作受到了前所未有的关注，得到了党中央的政策支持，在高校各个领域发挥指导作用。只有坚持党的全面领导，高校才能通过党建工作加强对大学生的政治引导，实现党的基层组织建设和党员队伍的发展。

2. 党建理论的继承与创新

在中国共产党的辉煌发展历程中，每一个历史阶段都孕育着珍贵的理论硕果。这些指导思想不仅是我们宝贵的精神财富，值得我们深入继承，更是我们根据当下时代特征进行创新的源泉，为中国特色社会主义事业不断开拓前进提供了坚实的理论支撑和经验借鉴。

对于高校大学生党建工作而言,既要注重传统党建理论的研习,深刻领悟党的历史脉络和理论精髓,又要紧密结合当前实际,将学习习近平新时代中国特色社会主义思想作为重中之重。通过系统学习党的理论创新成果,可以进一步加强大学生党员的理想信念教育和思想道德建设,确保他们始终坚定共产主义信仰,始终牢记党的宗旨和使命。因此,必须高度重视在大学生群体中推广党建理论的继承与创新。通过举办各种形式的党课、讲座和研讨活动,引导大学生党员深入学习和理解党的理论创新成果,掌握马克思主义立场、观点和方法。同时,还要注重将党建理论的学习与解决实际问题相结合,让大学生党员在实践中增强党性修养,提高应对新时代挑战的能力。通过这样的努力,大学生党员将能够更好地理解和把握时代发展的脉搏,成为推动中国特色社会主义事业不断前进的中坚力量。

3. 扩大党员队伍,注重提升党员质量

随着党中央对党建工作的重视,大学生基层党组织结构正在不断细化,党员队伍日益壮大。为确保党建工作的有效性,必须从大学生的日常学习和生活入手,强化其影响力和领导力。作为优秀的青年代表,大学生党员的思想文化、政治素养和道德规范都具有很高的标准。因此,确保大学生党员的质量,才能真正发挥他们的先锋模范作用,积极影响身边的同学,组织和参与各种活动,带动大家共同进步。

二、新时代高校思想政治工作与大学生党建工作协同育人的困境

在新时代背景下,高校思想政治工作与大学生党建工作的协同育人面临诸多挑战。为了实现“立德树人”的总目标,高校需要认清当前的发展形势,并勇于面对和克服各种困境。

(一)传统教育的滞后影响

新时代的社会变革对高校育人工作提出了新的要求,但传统教育的滞后性仍在一定程度上影响高校思想政治工作和党建工作的效果。这

种滞后性主要体现在教育方法和内容以及教育理念上。

传统教育方法和内容的滞后性表现为一些高校在开展思想政治教育和党建工作时，过于保守，沿用陈旧的教学内容和方式，导致党的新指示、新思想与传统教学内容脱节。这不仅误导了学生对中国化马克思主义理论成果的认识，还削弱了思想政治教育的时代性和针对性。

传统教育理念的滞后性则体现在教育者和管理者缺乏创新精神，未能正确认识高校思想政治工作与大学生党建工作的重要地位，也无法意识到二者协同育人的时代意义。这导致高校思想政治工作和大学生党建工作各自为战，缺乏协同合作。

（二）协同育人理念不明确

推动高校思想政治工作与大学生党建工作协同育人需要双方的共同努力。然而，目前部分高校对协同育人理念的认识不够深入，甚至存在误解。这主要体现在以下两方面。

首先，在大学生党建工作开展过程中，与高校思想政治工作的协同育人体制存在缺陷。这导致高校缺乏对二者协同育人的深入研究、正确认识和具体落实，也忽视了高校思想政治工作的重要地位。长期以来，大学生党建工作成效明显，但其工作体制较为严谨，工作内容也主要由上级党组织决定并下达。这种自上而下的固定工作模式容易产生单一性，导致大学生党建工作与高校思想政治工作无法实现有机融合和协同育人。

其次，对于高校思想政治工作而言，受传统教育教学方式的影响，教师队伍自身难以主动进行改革创新。在大学生思想政治教育工作中，他们更注重教育教学任务的完成，要求学生进行枯燥的理论学习，缺乏对大学生政治立场的引导。这导致高校思想政治工作与大学生党建工作无法有机结合，协同育人理念也只是停留在理论层面的学习和传达，无法在实际中得到试行和运用。

（三）育人工作领域融合不深入

尽管高校思想政治工作与大学生党建工作在诸多方面相互促进、密不可分，但由于二者分属不同的管理部门，具体工作内容和环节存在显著差异,往往会出现衔接不畅、协同不够的现象。

首先,工作领域的脱节极大地影响了大学生党员的培养质量。若二者不能有效协同,大学生对党的深刻认识和理论思想的学习就会显得肤浅和片面,进而可能导致政治信仰和理想信念的偏差。这种情况不仅表现为大学生党员入党动机的功利化,还严重影响了高校党建工作的严谨性和党员队伍的整体素质。更为严重的是,由于高校党建工作往往与行政工作相混淆,对思想政治教育在高校党建工作中的核心价值和引导监督作用重视不足。这既削弱了大学生党建工作的教育意义,也降低了大学生党建与思想政治教育工作的效率,从而影响了党员队伍的质量。

其次,工作领域的脱节还导致大学生党建工作缺乏针对性和互动性。从逻辑上看,高校思想政治工作与大学生党建工作之间存在紧密的联系,其涉及的对象和群体本应相互促进、共同发展。然而,在现实中,二者并未能深入、有效地融入大学生的日常生活和校园文化环境,发挥其应有的引导作用。此外,传统观念的束缚也使党建工作和思想政治教育存在脱节现象,工作成效不尽如人意。

另外,高校党组织管理者与大学生之间也存在沟通不畅的问题。由于党建工作本身的严肃性和特殊性,党建工作者与大学生群体之间往往缺乏直接的交流和接触机会。同时,党组织领导者对相关工作的部署也往往只停留在辅导员或党支部负责人层面,未能真正深入学生群体中。这些因素共同导致了党建工作者与大学生之间缺乏足够的沟通交流和互动,从而影响了党建工作的针对性和实效性。

第四节　高校党建工作与思想政治教育工作协同育人时代价值

在党的全面且坚定的领导下,高校育人工作正呈现出积极向上的良好态势,稳步迈向崭新的发展方向。新时代高校协同育人理念的提出,是党中央站在时代发展的前沿,对高校育人工作作出的最新、最科学的论断。这一理念的贯彻落实,不仅代表着对高校思想政治工作和大学生党建工作的创新思考,更是坚持二者之间紧密联系、共同推动育人工作发展的具体体现。这不仅是顺应时代发展变化的明智之举,更是这两大核心工作内容在时代变迁中必然要经历的创新与改变。通过协同育人,高校能够更加高效地培养出一批批具备坚定理想信念、扎实专业素养、良好综合素质的新时代大学生,为国家的长远发展提供有力的人才保障。

一、增强高校思想政治工作对大学生党建工作的引导作用

在新时代背景下,高校育人工作在党的统一领导下,正迈向新的发展阶段。随着对大学生党建和高校思想政治工作重视程度的提升,党中央提出了紧密结合各方力量,共同推动育人效果最大化的要求。这一协同育人理念的提出,不仅体现了党对高校育人工作的高度重视,也揭示了高校思想政治工作与大学生党建工作协同发展的时代价值。

(一)引领方向,强化大学生党建工作的先进性

高校思想政治工作通过深入的理论教育和日常引导,为大学生党建工作提供了坚实的思想基础。它引导大学生学习党的理论,提高政治素养,坚定政治立场,为大学生党建工作培养合格的接班人。在这一过程中,高校思想政治工作紧密结合时代发展,融合党的新政策和新方针,确保大学生党建工作的先进性和时代性。它要求大学生党员在新时代的考验中,坚决维护党中央的权威,发挥先锋模范作用,展现了大学生党建工作的先进性。

(二)培养人才,为大学生党建工作储备新生力量

高校思想政治工作通过精心策划和实施的思政理论课程,为大学生党建工作奠定了坚实的人才基础,并为其注入了源源不断的活力。这些精心设计的课程不仅助力大学生塑造起正确的世界观、人生观和价值观,更引导他们深入了解和衷心认同党的光辉历程、深邃理论和崇高价值观。

通过深入而细致的思想政治教育,大学生得以端正入党动机,明确

个人追求,坚定理想信念,为日后加入党组织做好充分的思想准备。这一过程不仅提升了大学生党建工作的整体水平,更为党组织输送了一批批具有鲜明时代特征、富有创新精神和强烈使命感的新生力量。

(三)注入活力,创新大学生党建工作的方式方法

高校思想政治工作通过丰富多样的教学方式和教育理念,为大学生党建工作注入了源源不断的新活力。在这一过程中,思想政治工作充分利用了“网络思政”等新时代教学途径,将其与社会实践紧密结合,让党的理论和政策更加贴近大学生的生活实际,深入他们的心灵深处。这种充满活力和创造力的教学方式,不仅显著提高了大学生对党的理论和政策的认知度,使他们能够深刻理解和把握党的精神实质,还极大地增强了他们对党的认同感和归属感,激发了他们为党的事业不懈奋斗的热情。

创新的教育方式也推动了大学生党建工作在理念、内容和方法上的全面创新。它突破了传统党建工作的局限,融入了更多现代元素和时代特色,使党建工作更具时代性和针对性。这不仅有利于提升党建工作的实效性,也为培养更多优秀的大学生党员奠定了坚实的基础。

二、深化大学生党建工作对高校思想政治工作的促进作用

大学生党建工作与高校思想政治教育工作相互促进、共同发展,形成了协同育人的有效机制。这一机制对培养具有坚定政治立场、高尚道德情操、扎实专业知识和强烈社会责任感的新时代大学生具有重要意义。

(一)深入贯彻党的思想理论

高校思想政治教育工作必须以党的领导为核心,确保与大学生党建工作在党的统一领导下同步创新。这一目标的实现,要求在高校思想政治教育过程中,无论是理论课程的设置,还是实践活动的开展,都应及时融入新时代党的重要会议精神,深刻领会并全面贯彻党的最新理论成果,防止教育内容与时代脉搏脱节,确保大学生的思想意识与时代发展

保持高度一致。

在中国特色社会主义新时代的伟大征程中，高校思想政治工作的核心使命在于引导大学生树立远大的理想信念，深入学习并坚定贯彻新时代党的革命精神，深刻领会党的思想理论的丰富内涵和精神实质。同时，还要帮助大学生全面了解国家当前面临的社会主要矛盾、明确国家的发展方向，以及熟悉党和国家的战略部署和政策措施。这些内容不仅是高校思想政治工作的重要组成部分，也是考察入党积极分子的重要考量标准。

通过深入剖析大学生党建工作的成效，可以检验思想政治工作在贯彻落实党的思想理论方面的实际成效，推动思想政治教育工作的深入开展。通过不断总结经验、完善机制，让高校思想政治工作始终沿着正确的方向前进，为培养担当民族复兴大任的时代新人贡献力量。

（二）引领思政价值取向

中国共产党始终注重从思想上培养和吸引优秀青年，为党的事业注入新鲜血液。高校思想政治教育工作和大学生党建工作共同承担着引导青年大学生树立正确价值观的重任。通过对大学生进行系统的思想政治教育，从认识党、了解党的发展历程，到提高政治信仰、端正入党动机，再到成为合格的社会主义建设者，这一过程体现了党建工作对思想政治教育的引领作用。

（三）为高校思想政治工作提供重要基础

大学生党建工作通过科学的制度和措施，保障大学生党员的主体地位和权利，为思想政治教育提供了坚实的基础。高校基层党组织作为党建工作的战斗堡垒，通过管理、教育、组织大学生学习思想政治理论，促进了大学生思想和道德素养的全面提高。随着越来越多优秀大学生加入党组织，对党员队伍质量的重视也日益凸显，这为高校思想政治工作提供了重要保障。

三、提升高校思想政治工作与大学生党建工作协同育人工作效果

高校思想政治工作与大学生党建工作是高校育人体系的两大支柱，它们在培养学生的思想道德、文化素养、政治立场和组织能力等方面发挥着重要作用。这两项工作共同承载着新时代育人的目标，对实现立德树人的根本任务具有不可替代的价值。

（一）落实高校立德树人根本任务

在党的全面领导下，高校思想政治工作和大学生党建工作应明确方向，提升工作的科学性和系统性，共同促进育人目标的实现。高校思想政治理论课程应融入党的发展史、理论、新会议精神等内容，引导大学生深化对党的认识，树立正确的入党动机和政治信仰。此外，协同育人还要求高校思政教师队伍和党组织提升科研、教学、管理能力，以增强教师队伍的整体素质，确保党的理论知识在教师队伍中得到广泛传播和应用。

（二）有机协同提升育人效果

思想政治工作应贯穿于教育教学的全过程，这是高等教育事业发展和思想政治工作的重要方向。新时代高校需要构建全员、全过程、全方位育人工作机制，坚持全局观念和统筹兼顾原则，以实现育人工作的整体性、系统性、协同性和发展性。大学生党建工作和高校思想政治工作在坚持党中央领导、强化政治信仰、推进立德树人任务等方面具有共同的目标和责任。二者都强调“以人为本”的育人理念，注重培养过程中的针对性和互动性，共同维护大学生的主体性，保障大学生党员的权利和义务。

（三）创新驱动协同育人发展

协同育人是高校育人工作适应时代发展的必然选择，也是党中央指导思想的具体实践。在大学生党建工作中，思想政治教育的地位应得到

进一步强化,同时党建工作的内容和方式也应更加贴近大学生的实际需求。在新时代背景下,二者的紧密结合将产生新的育人工作理论和方法,为高校育人工作提供创新思路。通过有效整合育人工作机制,实现各部门的统筹兼顾和全局考虑,高校思想政治工作与大学生党建工作将在高校育人工作中发挥更大的协同效应,共同推动高校育人工作的创新发展。

第五节 高校党建工作与思想政治教育工作协同育人路径

大学生党建是一项系统工程,其任务和目标随着时代的发展而不断变化,这自然也会影响到对高校思想政治工作的指导内容。在新时代背景下,结合当前的社会发展实际,我们需要深入分析协同育人所面临的挑战,并探寻切实可行的解决方案,以促进党建工作与思想政治教育工作的深度融合与协同发展。

一、坚定理论协同,筑牢育人根基

在高校育人工作中,思想政治工作与大学生党建工作相辅相成,共同致力于培养新时代好青年。这两项工作均根植于党的全面领导之下,坚持以马克思主义中国化的最新理论成果为指导,旨在推动高校实现新时代的育人目标。明确这一理念,不仅为二者的协同育人提供了坚实的理论基础,也是实现根本性协同发展的关键所在。

(一)理论统一,引领协同育人方向

在高等教育的育人体系中,高校思想政治教育与大学生党建工作共同承担着塑造青年学生思想观念和价值取向的重任。二者在高校中发挥着政治引领和思想启迪的双重作用,它们之所以能够形成合力、同向

发力，源于它们共同的育人宗旨和一致的工作范畴。它们面向的是同一群充满活力的青年学生，而这一切工作的中心和灵魂，是对党的全面领导的坚持。基于此，这两项工作都以党的理论体系为行动指南和思想核心，确保了育人方向的一致性和坚定性。

（二）深化理论武装，筑牢协同育人之基

在高等教育领域中，对于广大干部，特别是年轻干部来说，持续学习并不断更新理论知识是加强理论修养的关键。这要求他们不仅要在知识上有所积累，更要在实践中践行，实现知与行的统一，主动担当起自己的职责。这种学习方式强调了科学理论的重要性，干部需要深入领会其核心意义与实质内涵，并将理论学习与实际工作紧密结合，用以解决实际问题。

在高校基层党组织的日常工作中，定期评估党员的理论知识和政治素养是一项至关重要的职责。党员自身亦须时刻秉持对理论学习的热情与严谨态度，因为他们的政治立场与素养将直接映射至工作表现，并对下属和同事的管理产生深远影响。

那些具备较高理论素养的党员，能够以身作则，成为高校内部的标杆与典范，引领广大师生树立正确的价值导向。在大学生党员的培养过程中，高校基层党组织更是慧眼识珠，选拔出优秀的青年党员，如党支书等担任关键职务。这些青年才俊同样需要不断提升自己的理论素养，以更好地胜任岗位要求。

无论是肩负教书育人使命的大学生、思政教师，还是从事党务工作的管理者，都在高校这一神圣殿堂中各自扮演着举足轻重的角色。尽管职责各异，但他们却共享着同一理论根源，因此都应致力于深化理论学习，提升自身理论水平。

通过不断加强理论武装，可以进一步促进高校思政与党建工作的深度融合，共同推动协同育人工作的深入发展。这不仅能够提高党员队伍的整体素质，还有助于营造风清气正的高校氛围，培养更多具备高度政治觉悟和理论素养的优秀人才。

（三）坚定理论自信，充分展现协同育人的显著成效

在大学生党建与高校思想政治工作中，我们必须毫不动摇地遵循党中央的明确指引。自革命烽火岁月至和平建设时期，马克思主义、中国特色社会主义以及中国共产党的坚定信念始终构成高校的核心竞争力。高校作为孕育人才的摇篮，必须牢固守护这一宝贵的“信仰优势”，满怀自信地推进各项育人事业。

高校应通过系统化、全面化的思想政治教育和党建工作，将马克思主义及其中国化的最新理论成果深入植根于大学生心田，使之成为他们政治智慧的强大武器，稳固其政治立场。党组织领导者与思政教育工作者肩负着神圣使命，必须积极引导大学生深入学习和领悟新时代的党的指导思想，确保他们牢固树立并坚定践行“四个自信”。

对于新时代的大学生而言，将党的指导思想内化于心、外化于行，提升运用理论指导实践的能力，始终坚定不移地“跟党走”，这是高校思政工作与党建工作协同育人目标的真正体现，也是实现高质量育人目标的关键所在。

二、打造协同育人环节，稳固育人基础

（一）深化思想政治理论课堂，强化协同育人实效

为充分发挥思想政治理论课在立德树人中的关键作用，高校须进一步丰富思想政治理论课堂的教学内容与形式。在遵循党中央指导原则的基础上，思想政治理论课程应循序渐进地引导大学生深入了解党的历史与理论。同时，党建工作也应与思想政治理论课堂紧密衔接，通过创新党课、研讨会等形式，将党的先进思想融入日常教育中。针对入党积极分子、预备党员、正式党员的不同需求，实施个性化、差异化的教育方法，确保思政教育与党建工作的有效结合。

（二）实践案例教学，促进协同育人深化

面对当前思政教育与党建工作中的挑战，高校应积极探索实践教学的新路径。通过组织学习革命英雄、行业先锋等案例，激发大学生的爱国情怀和社会责任感。同时，结合“三支一扶”“志愿服务”等实践活动，让大学生在实践中深化对党的理论和社会主义核心价值观的理解。此外，高校还应鼓励思政教育与党建工作在内容、方法上的融合创新，以更贴近大学生生活实际的方式提升教育的亲和力和实效性。

（三）创新工作理念，适应协同育人新常态

高校思想政治工作与大学生党建工作在协同育人方面展现出强烈的互补性和合作性。为适应这一新常态，高校应树立开放、协同的育人理念，推动各部门之间的沟通与合作。在遵循“以人为本”的原则下，关注大学生的成长需求和心理特点，创新工作方法，构建多元化的协同育人机制。通过明确责任分工、细化工作流程，确保思政教育与党建工作在协同育人中的高效运行，共同为培养时代新人贡献力量。

三、构建高水平协同育人团队，提高育人质量

为贯彻落实党中央关于高校育人的全面要求，高校须积极推动思政工作与大学生党建工作的深度融合。在这一过程中，构建一支高水平、专业化的协同育人团队至关重要。该团队应由学校党委统一领导，各部门和思政教学机构紧密配合，形成全员参与、齐抓共管的育人格局。

（一）促进党建工作者与思政教师的融合

高校应强化协同育人意识，推动党建工作者与思政教师的深入融合。一方面，可将具有丰富党建工作经验的管理人员纳入思政教师队伍，利用他们的专业素养和实践经验，为思想政治理论课程注入更多的党建元素。另一方面，鼓励思政教师积极参与党建工作，通过担任学生导师、参与党校教学等方式，将思政理论融入党员培养和教育之中。这

种双向互动不仅有助于提升两支队伍的专业水平，还能有效促进思政教育与党建工作的有机结合。

（二）打造高水平协同育人团队

构建高水平的协同育人团队需要从多个方面入手。首先，要打造一支高境界的党务工作队伍。这支队伍应具备坚定的政治信仰、高尚的道德品质和丰富的党建工作经验，能够以身作则、发挥先锋模范作用，引领高校党建工作不断向前发展。其次，要培养一支高能力的思政教师队伍。思政教师应具备深厚的学术功底、坚定的政治立场和丰富的教学经验，能够用真理的力量感召学生，引导学生树立正确的世界观、人生观和价值观。最后，要选拔一支高素养的辅导员队伍。辅导员作为连接学生、教师和党组织的桥梁，应具备高度的政治觉悟、良好的职业素养和深厚的人文情怀，能够为学生提供全方位、个性化的指导和服务。

在构建协同育人团队的过程中，高校应注重团队成员之间的沟通与协作，形成工作合力。同时，要加强对团队成员的培训和教育，提升他们的专业素养和综合能力。只有这样，才能确保协同育人工作的顺利开展，为高校育人工作提供有力的人才保障。

四、以青年大学生为核心，明确协同育人目标

高校思想政治工作与大学生党建工作的协同育人工作，均紧紧围绕“以人为本”的育人理念展开，将青年大学生作为协同育人的核心主体。这一协同育人模式不仅体现了对大学生成长特点的深刻把握，也彰显了党对青年一代的殷切期望和重点培养。

（一）大学生是高校思政工作的主体

高校育人工作的最终目标是培养符合社会及时代发展需求的创新型人才。这一目标的实现需要全方位、多角度的努力，其中大学生作为思政工作的主体，他们的成长特点和发展需求是思政工作改革创新的重要依据。因此，高校思政工作应紧密围绕大学生展开，通过创新教育教学方式、丰富实践活动内容，确保思政工作能够贴近学生实际，满足学

生需求，提高其针对性和实效性。

（二）青年是党的后备力量

青年学生中的党员干部是推动党和国家事业发展的重要后备力量。中国共产党历来重视青年干部的培养，尤其是在新的历史条件下，青年一代展现出前所未有的活力和创造力。高校作为育人主阵地，应通过党建和思想政治教育工作，引导青年大学生明确自身责任和担当，学习贯彻习近平新时代中国特色社会主义思想，树立正确的理想信念和政治信仰，成为有担当、有作为的新时代好青年。

（三）青年在协同育人中的关键作用

在协同育人的过程中，青年大学生发挥着至关重要的作用。首先，"朋辈教育"作为一种有效的育人方式，通过同龄人的相互影响和激励，有助于大学生实现自我教育和自我提升。青年党员作为大学生中的优秀分子，他们的先锋模范作用能够激励更多的大学生积极向上、奋发有为。其次，青年党员凭借与大学生群体的紧密联系和共鸣，能够在思政工作中发挥独特的优势和作用，为协同育人提供有力支持。

五、运用网络新兴媒介，构建协同育人新平台

随着新时代的到来，互联网科技的迅猛发展极大地改变了信息传播的方式和速度。面对海量信息中不同政党的价值观和意识形态交融，高校育人工作面临着新的挑战和机遇。为应对这一变化，高校应充分利用网络新兴媒介，打造协同育人的新平台，提升育人工作的时代性和先进性。

（一）强化网络监督，营造清朗育人环境

高校应加强对网络环境的监督和管理，确保育人环境的清朗和有序。首先，利用互联网信息的公开透明性，公开党建和思想政治教育工作的相关标准、流程，接受学生和社会监督，增强工作的透明度和公信

力。其次，利用互联网信息传播速度快的优势，及时发布党的最新理论成果、会议精神和社会时事，确保学生第一时间了解和学习。同时，建立健全网络举报机制，对违反党的纪律和道德的行为进行及时处理，营造风清气正的育人环境。

（二）构建网络思政党建平台，促进协同育人

高校应构建网络思政党建平台，将思想政治教育和党建工作紧密结合，实现资源共享和优势互补。通过网络平台，可以开展线上党课、红色主题教育、形势与政策讲座等活动，丰富学生的学习内容和形式。同时，利用大数据和人工智能技术，分析学生的学习情况和需求，提供个性化的学习方案和指导，提高育人的针对性和实效性。此外，还可以通过网络平台加强师生、生生之间的互动和交流，形成良好的学习氛围和育人合力。

（三）创新网络新兴媒介应用，拓展协同育人途径

网络新兴媒介为高校思想政治工作和大学生党建工作提供了新的发展机遇。高校应积极探索和创新网络新兴媒介的应用方式，如利用社交媒体、短视频、在线直播等形式，开展丰富多彩的教育活动。通过制作贴近学生生活的教育内容和案例，增强教育的吸引力和感染力。同时，结合时事热点和社会问题，引导学生进行深入思考和讨论，提高他们的思辨能力和社会责任感。此外，还可以通过网络平台开展志愿服务、社会实践等活动，让学生在实践中体验和学习党的理论和精神，实现知行合一。

六、创新协同育人机制，提升育人效能

虽然高校思想政治工作与大学生党建工作拥有各自独立的工作机制，但二者之间存在着紧密的逻辑联系和共同的发展目标。为实现二者的协同发展，必须探究一个有效的“协同点”，并创新协同育人机制，以确保育人工作的高效运行和育人效能的显著提升。

(一)党建引领,构建协同育人新体制

高校思想政治工作应始终坚持党的全面领导,确保教育内容与党的指导思想保持高度一致。党建工作在协同育人中应发挥引领作用,通过党的理论教育和组织建设,引导高校思想政治工作沿着正确的方向前进。同时,高校党组织应以党的作风建设为示范,推动高校思想政治工作在方法、结构上的创新,确保党的先进性和纯洁性在教育领域得到充分体现。

(二)强化监督,保障协同育人实施

为确保协同育人体制的有效实施,高校应建立健全科学的监督管理机制。这一机制应关注大学生的主体性和个体差异,注重大学生的自我评价,以客观、全面的评价标准对育人工作进行监督和评估。通过加强监督和管理,提升育人工作的针对性和实效性。

(三)完善制度,细化协同育人流程

协同育人体制的建立需要明确的制度保障和具体的实施流程。高校应制定并完善相关协同育人制度,明确各部门在协同育人工作中的职责和任务,确保各部门之间能够紧密配合、协同工作。同时,高校应细化协同育人的实施流程,确保每一项工作都能够按照既定的标准和程序展开,从而实现育人工作的系统化和规范化。

参考文献

[1] 杨玲 . 新时期高校辅导员工作与队伍建设研究 [M]. 沈阳：万卷出版有限责任公司，2023.

[2] 李良庆 . 高校思想政治教育工作创新研究 [M]. 延吉：延边大学出版社，2022.

[3] 高瑛，丁虎生 . 新时代高校思想政治教育工作体系研究 [M]. 北京：光明日报出版社，2022.

[4] 张伟 . 高校思想政治教育建设与辅导员工作研究 [M]. 延吉：延边大学出版社，2022.

[5] 孙武安 . 高校思想政治理论课教学质量提升研究 [M]. 杭州：浙江工商大学出版社，2022.

[6] 张兴雪，刘怀刚 ."互联网 +"时代高校辅导员队伍建设系统工程研究 [M]. 北京：九州出版社，2022.

[7] 陈丽萍 . 新时代高校思想政治理论课教学改革研究 [M]. 湘潭：湘潭大学出版社，2022.

[8] 殷铭，王剑，王久梅 . 大数据时代高校智慧党建体系构建研究 [M]. 长春：吉林出版集团股份有限公司，2022.

[9] 林蕾，杨桂宏 . 高校思想政治理论课教学研究 [M]. 北京：中华工商联合出版社，2022.

[10] 冯刚 . 思想政治教育研究热点年度发布 2021[M]. 北京：团结出版社，2022.

[11] 张乙方，张雯，王树辉 . 新时代大学生价值观与大学生思想政治教育创新研究 [M]. 延吉：延边大学出版社，2022.

[12] 鲍善冰 . 红色党建思想政治工作怎么做 [M]. 太原：北岳文艺出版社，2022.

[13] 朱汉辰 . 新时代高校思想政治理论课教学研究 [M]. 延吉：延边大学出版社，2022.

[14] 杨道，林怡冰 . 高校学生管理工作的行与思 [M]. 天津：天津科学技术出版社，2022.

[15] 常金玉 . 高职院校思想政治教育教学与专业理论课创新改革研究 [M]. 延吉：延边大学出版社，2022.

[16] 徐玉钦 . 新媒体时代高校思想政治教学模式研究 [M]. 长春：北方妇女儿童出版社，2021.

[17] 祁素萍 . 高校学生管理工作创新与研究 [M]. 长春：吉林人民出版社，2021.

[18] 袁蓉 . 新时期高校党建工作探索与创新 [M]. 北京：北京工业大学出版社，2021.

[19] 陈蕾，时学梅，买买提江 · 依明 . 高校辅导员队伍建设与职业化发展 [M]. 延吉：延边大学出版社，2021.

[20] 王雁，张贝丽 . 新时期高校校园文化建设的探索与实践 [M]. 北京：中国原子能出版社，2021.

[21] 梁晓珊 . 高校校园文化建设 [M]. 长春：吉林人民出版社，2021.

[22] 胡龙宇 . 高校校园文化建设形式与方法研究 [M]. 北京：北京工业大学出版社，2021.

[23] 张鹏超，吴德银，俞婷 . 高职院校学生思想政治教育的理论与实践 [M]. 杭州：浙江大学出版社，2021.

[24] 权麟春 . 新时代高校思想政治教育工作质量评价研究 [M]. 北京：中国社会科学出版社，2021.

[25] 何林建 . 高校辅导员工作实战指南 [M]. 上海：上海交通大学出版社，2020.

[26] 孙亮，邓力 . 高校思想政治工作与构建和谐校园研究 [M]. 南昌：江西高校出版社，2019.

[27] 吕虹 . 新时代高校党建工作实务与创新手册：图解版 [M]. 北京：华文出版社，2019.

[28] 廖女男 . 大学校园文化的传承与创新 [M]. 成都：西南交通大学出版社，2012.

[29] 毛大龙，黄立鹏，王爱民，等 . 高职院校思想政治教育工作创新研究 [M]. 杭州：浙江人民出版社，2007.

[30] 张培元 . 回应时代——高校党建工作探微 [M]. 南京：南京师范大学出版社，2001.

[31] 曹荣 . 高校清廉校园文化建设路径研究 [J]. 河北青年管理干部学院学报，2023，35（04）：107-113.

[32] 张燕明，冷馥辰 ."大思政课"理念下思想政治理论课实践教学的实施理路 [J]. 思想政治理论与实践，2023（01）：3-11.

[33] 詹丽芹，刘娟，周楠 . 高职院校学生党建与学生管理工作深度融合机制研究 [J]. 现代职业教育，2023（12）：153-156.

[34] 王凯 . 新时代高校智慧党建提升策略研究 [D]. 山西财经大学，2023.

[35] 张鑫 . 新时代高校党建工作突出问题研究 [D]. 华北水利水电大学，2023.

[36] 丛喜权 . 新时代高校党建工作研究 [D]. 哈尔滨师范大学，2021.

[37] 徐梦笛 . 高校思想政治工作与大学生党建工作协同育人研究 [D]. 牡丹江师范学院，2021.

[38] 熊欣 . 高校思想政治理论课"智慧教学"研究 [D]. 广西师范大学，2021.

[39] 尤琼方 . 培育特色校园文化　助推学校高质量发展 [J]. 云南教育(中学教师)，2021（06）：45-46.

[40] 徐瑞 . 高校学生党建工作和大学生思想政治教育的协同育人模式构建 [J]. 时代报告，2020，(07)：32-33.

[41] 蒋莉 . 和谐校园视角下的高校学生党建工作研究 [D]. 湘潭大学，2014.

[42] 曹庆波 . 高校党建文化建设与校园文化建设互动的探索 [J]. 山西青年，2020（12）：244+246.

[43] 解玉娇 . 新时代高校思想政治工作质量评价体系研究 [J]. 高教学刊，2021（11）：185-188.

[44] 冯刚，史宏月 . 建构高校思想政治教育工作质量评价指标体系的方法与路径 [J]. 东北师大学报(哲学社会科学版)，2020（05）：145-152.

[45] 王金龙 . 新媒体背景下提升高校思想政治教育实效性研究 [D]. 长春工业大学，2019.

[46] 白艳娜 . 大数据时代高校大学生思想政治教育创新研究 [D]. 西北民族大学，2017.